Collection
souris noire
dirigée par
François Guérif

L'auteur

Née en 1905 dans le Michigan, elle fut à la fois standardiste au *New York Times* et chroniqueuse de mode dans une revue new-yorkaise, poète, auteur dramatique à Broadway, scénariste à Hollywood. Entre 1942 et 1969, date de sa mort, elle publia vingt-huit romans et deux recueils de nouvelles, qui appartiennent tous au genre policier.

Celle qui fut, selon le cinéaste Claude Chabrol, l'« une des rares véritables sorcières des temps modernes » restera dans l'histoire du roman policier « parce que derrière ses intrigues machiavéliques aux multiples fils se cachait une moraliste quasi hallucinée, plus attachée encore aux entrelacs des forces du Bien et des forces du Mal qu'aux savants rebondissements de ses intrigues... Il se dégage de ses livres une force, une fascination qui nous révèlent peu à peu le caractère essentiel du combat décrit. »

Charlotte Armstrong

Au bord de l'abîme

Traduit de l'anglais par Catherine Grégoire

Illustration de couverture
Jacques Ferrandez

souris noire

SYROS
jeunesse

Catalogage Électre-Bibliographie
Armstrong, Charlotte
Au bord de l'abîme. – Paris : Syros, 1999. – (Souris noire poche ; 29)
ISBN 2-84146-651-5
Dewey : 811.5 : Albums et fiction. Romans. Aventures et voyages
Public concerné : Adolescents (à partir de 11 ans)

1

Au cœur de la Californie, un officier de police, du nom de James Lord, se penchait sur un lit d'hôpital et écoutait attentivement. Les lèvres gonflées et tuméfiées de la femme couchée dans le lit formaient les mots avec peine, mais il en entendit assez.

Il se redressa enfin et sortit dans le couloir. Il dit à l'agent qui attendait là :

– Je ne peux pas vous en apprendre plus long pour le moment. La femme déclare que son mari l'a battue après que leur gosse a été tué. Il est sorti, armé d'un revolver, à la recherche de l'institutrice... Il l'accuse d'avoir laissé mourir l'enfant. Elle se nomme Ames, Eve Ames. Dépêchons-nous. Nous avons déjà... (il jeta un coup d'œil à sa montre) une heure quarante-cinq de retard.

À ce moment-là, Eve Ames était debout à la fenêtre d'une maison solitaire, à flanc de coteau, et regardait la ville sur laquelle tombait la nuit. Derrière elle, elle entendit son hôtesse, Frances Connor, dire : « Je crois que ça enfle », et elle se retourna pour regarder l'autre femme, dont la robuste jambe droite, à la cheville bandée, était allongée sur une chaise de cuisine.

– Il vaudrait peut-être mieux que j'appelle un docteur, miss Connor ? demanda Eve.

– Vous avez bien peu de chances d'en trouver un, un samedi à six heures du soir... Même si j'avais le téléphone...

Frances Connor avait cinquante ans et, en tant que directrice d'école, elle était habituée à faire montre d'autorité. Elle reprit d'un ton optimiste et décisif :

– Ce n'est rien, ma chère enfant ; la peau est seulement éraflée... Il faut que je me débarrasse de cette pierraille dans la cour. Ces blocs de béton sont un danger permanent. Je suis tombée sur l'un d'eux.

Eve reprit sa contemplation. La petite maison était toute neuve et l'étiquette de papier collait encore aux vitres. Maintenant qu'il commençait à faire nuit, la cour étroite, encombrée de pierres et de débris laissés par les maçons, s'obscurcissait. De l'autre côté de la rue – une simple égratignure le long de la colline et encore pleine de la poussière laissée par les bulldozers – le terrain tombait en pente.

Elles se trouvaient tout en haut de l'éventail étincelant auquel la ville faisait songer. Le manche de l'éventail reposait, songeait Eve, dans la mer, dans la baie. Et la ville s'étendait, lumineuse, jusqu'aux collines qui la bordaient. Tout en bas, la grand-route côtière traversait l'éventail comme un ruban brillant.

– Il vaut mieux que je change le pansement avant d'aller me coucher, déclara Frances.

Eve sortit de sa rêverie.

– Nous avons laissé la gaze et le sparadrap dans la voiture. Dois-je aller les chercher ?

– Ça ne presse pas. Vous allez avoir à préparer le dîner, Eve... Quelle hôtesse je fais !

– Vous avez faim, miss Connor ?

Eve n'avait pas faim et elle répugnait à abandonner ses songes mélancoliques, mais son hôtesse s'impatientait.

– Venez vous asseoir, Eve, mais fermez d'abord le store. Sans rideaux, le soir, cette pièce est comme un bocal à poissons rouges et je n'aime pas beaucoup ça.

Eve fit ce qu'on lui disait. C'était une grande jeune femme mince, âgée d'environ vingt-cinq ans, qui se déplaçait avec une grâce naturelle. Elle s'assit, poussa un profond soupir et essaya de sourire.

Les yeux bruns et le visage affaissé de Frances Connor étaient empreints de bonté.

– Je suis une vieille dure à cuire, Eve, dit-elle en levant sa tête blanche. Je voudrais pouvoir vous aider. C'est possible que j'y arrive. Parfois, poursuivit-elle d'un ton calme, on ne peut absolument rien faire devant un événement tragique et brutal, si ce n'est le regarder en face avec courage.

– Je ne peux pas oublier... il n'avait que neuf ans. Eve se mordit la lèvre.

– Nous avons essayé de ne pas parler de ça toute la journée. Passons encore une fois en revue tous les « si », afin de nous en débarrasser.

Eve se croisa les mains sur les genoux et évoqua le terrible événement qui avait bouleversé un vendredi comme les autres. Elle était assise dans la cour de l'école, à l'heure du déjeuner, surveillant les enfants qui mangeaient. La cour était bruyante, des cris et des appels s'élevaient de tous côtés, mais les oreilles de l'institutrice y étaient habituées et n'y trouvaient rien d'inquiétant. En revanche, ces oreilles entraînées captèrent la note fausse lorsque la voix aiguë d'un garçon s'éleva, perçante, derrière elle.

Terry Lord, un élève de quatrième année, disait :

– Il ne faut pas viser les gens avec un revolver... il ne faut pas faire ça, espèce d'idiot !

Sa voix trahissait la tension nerveuse et même le désespoir.

Eve eut tout juste le temps de supposer qu'il s'agissait d'un jouet. Elle avait vu le petit revolver qui ressemblait vraiment à un jouet et se rendit compte que Danny Mariot le pointait directement vers son dos, à elle. Elle surprit le regard de l'enfant.

Danny dit d'un ton méprisant, pour se justifier :

– Oh ! ce que tu es trouillard ! Il n'est même pas chargé. Regarde : je vais te montrer.

Et il tourna le revolver contre sa propre poitrine.

La détonation ne fut pas assez forte pour attirer l'attention de beaucoup d'enfants. Eve, agenouillée sur le sol de la cour près de Danny, dit d'une voix ferme :

– Terry, va me chercher tout de suite miss Connor. Et vous autres, les enfants, rentrez tous dans vos classes et sans bruit.

Elle sut qu'ils obéissaient, car les cris se turent graduellement tandis que les élèves les plus âgés emmenaient les autres. Puis la voix de Frances Connor interrogea :

– Il est blessé ?

– Il est mort, avait répondu Eve.

Tout ce qu'elle avait été capable de voir, c'étaient les yeux de Danny Mariot, ce dernier regard, d'âme à âme. Des yeux effrayés, puis exprimant une malice enfantine. Il avait voulu alléger sa punition en prouvant qu'il n'avait pas eu de mauvaises intentions.

... Eve se tordait les mains avec désespoir. Miss Connor dit d'un ton tranquille :

– Il s'est passé ceci : le gamin a trouvé ce petit revolver bizarre dans la cuisine de sa maison. Il l'a apporté en classe, dans son petit panier. Il l'a montré à ses camarades. Pour employer la phrase classique : « Il ignorait que l'arme était chargée. » Il ne l'aurait sûrement pas sorti de sa cachette pendant que vous le regardiez, vous le savez aussi bien que moi.

– Je le sais, miss Connor.

– Ensuite, si la mère de Danny s'était levée pour lui préparer son déjeuner, elle aurait vu le revolver et l'aurait rangé. Autre chose : si le père de Danny, qui s'était levé à trois heures du matin pour aller chasser avec des amis, n'avait pas eu l'intention d'emporter ce petit revolver pour le leur montrer et, pis encore, s'il n'avait pas laissé une balle dedans...

– Le malheureux, dit Eve. Je me demande s'il est rentré chez lui.

– À cette heure-ci, sûrement. Vous le connaissiez ? Et sa femme ?

– Mrs Mariot n'était pas le genre de femme qui assiste aux réunions de la PTA[1].

Eve songea à la mère, une femme jeune, courtaude, aux cheveux d'un blond filasse.

– Non, ajouta-t-elle, je ne l'ai jamais rencontrée. Et lui non plus.

– Pauvres gens, je les plains, dit miss Connor. Il y a encore d'autres « si ». Si l'on n'avait pas appris à Terry Lord comment manier un revolver et s'il n'était pas intervenu,

1. *Parents-Teachers Association*. Association de professeurs et de parents d'élèves.

c'est vous qui auriez probablement reçu la balle, Eve.

– Je sais.

– Et si l'on avait appris à Danny Mariot à ne pas jouer avec les armes à feu et s'il avait écouté Terry...

– Non, coupa Eve, je ne peux pas dire que c'est bien fait pour lui. Il n'avait que neuf ans.

– Je n'ai jamais dit que ce n'était pas une tragédie, fit doucement l'autre femme.

– La chose qui me tracasse, miss Connor, c'est que Danny était un peu brutal avec ses camarades qui avaient peur de lui. Maintenant, tous les parents de la ville vont dire à leurs enfants : « Tu vois ce qui arrive aux méchants petits garçons » et... et je voudrais bien que les parents ne considèrent pas toute cette histoire comme un film où le traître est tué à la fin.

– Vous voudriez, dit Frances Connor affectueusement, leur faire comprendre des lois du hasard qui seraient inintelligibles à leurs jeunes esprits.

Elles demeurèrent silencieuses dans la petite pièce nue avec son plancher dépourvu de tapis et ses étagères vides.

– Vous ne croyez pas, reprit miss Connor, que vous feriez mieux de prendre la voiture et d'aller voir Geoffrey ? Laissez-le vous emmener dans un restaurant élégant. Je peux me passer de vous, Eve ; après tout, je peux boitiller.

– Je préfère rester, dit Eve, presque brutalement.

Mais Frances Connor insista :

– Peut-être avez-vous réfléchi assez longtemps à toute cette affaire. Et je crains qu'une vieille fille directrice d'école, poursuivit-elle avec bonne humeur, ne soit pas ce qu'on peut trouver de plus réconfortant. Alors que votre cher et tendre...

– Est-ce que je commence à préparer le dîner ? interrompit Eve.

– Attendons un peu. Nous n'avons rien à faire de toute la soirée.

Le visage de Frances Connor était pensif.

Eve leva ses yeux, de beaux yeux gris, enfoncés dans son visage bien modelé.

– Miss Connor, vous avez été merveilleuse avec cette pauvre mère. Vous l'êtes envers moi aussi. Vous comprenez, toute cette partie de ma vie... l'école, les enfants... demeure étrangère à Geoffrey. Il ne...

Elle laissa la phrase en suspens.

– Ma chère, dit miss Connor d'un ton amical, je vous tiens pour une bonne institutrice, bien que d'une sensibilité un peu excessive dans notre profession.

Ce compliment fit sourire Eve pour la première fois depuis des heures.

– Ce qui me rappelle, dit-elle d'un ton plus gai, qu'il est six heures et quart – l'heure de Grif Griffin. Aurez-vous la force de le supporter ?

Elle s'approcha de la télévision.

– Mes élèves estiment que le soleil ne peut pas se coucher sans l'aide de Grif Griffin et comment puis-je deviner pourquoi si je n'écoute pas cette émission ?

– Vous la prenez tous les jours ?

– Chaque fois que je le peux et elle me rend service. L'autre jour, il y avait une épidémie : tout le monde se tapotait les dents avec l'ongle du pouce. Si je n'avais pas écouté Grif Griffin, je n'aurais jamais compris pourquoi.

– Qu'est-ce que ça signifiait ?

Le visage d'Eve s'était animé :

– Ça signifiait : j'ai d'importantes nouvelles à vous communiquer. De la griffinisation.

– Des signaux, hein ? Vous commencez à m'intéresser, dit cordialement Frances. À quoi ressemble-t-il, ce Griffin ?

– Vous allez voir. Je dirais que c'est un heureux mélange de Sherlock Holmes et de Douglas Fairbank senior.

Pendant les réclames, miss Connor observa le visage de sa jeune collègue. Une jolie fille, songea-t-elle : consciencieuse, bien faite, douée.

Elle lui souhaitait tout le bonheur possible : un mari, des enfants, une vie bien remplie. Tout ceci semblait se dessiner pour Eve depuis que Geoffrey Taggart avait commencé à s'occuper d'elle. C'était un homme d'affaires, propriétaire d'une boutique fréquentée par les artistes peintres. Quand il n'était pas retenu par son commerce, Geoffrey essayait lui-même de peindre. Il avait l'âge voulu ; de l'argent et du goût ; c'était un homme extrêmement bien élevé. Dans l'esprit de Frances, le mariage était chose faite.

La veille au soir, après la tragédie de l'école, Geoffrey et Frances avaient tenu compagnie à Eve dans son appartement. Geoffrey avait été très touché, très gentil. Peut-être ne comprenait-il pas complètement les préoccupations d'Eve ; elle n'avait pas seulement son propre chagrin à surmonter, elle devrait affronter les enfants le lundi matin, de façon à les aider, *eux*, dans toute la mesure du possible. Comment un célibataire comprendrait-il, songea Frances, alors que les parents eux-mêmes se rendent à peine compte de tout ce qu'apprend un professeur à ses élèves en dehors des leçons ?

« *Grif suit l'homme au complet bleu* », déclara la voix solennelle de Dusty, le compagnon fidèle du héros.

« *Que veut-il qu'on fasse ?* » glapit Smallfry, le gosse.

« *Pas si fort,* dit Dusty, *nous sommes en danger. Tu n'as pas entendu Grif éternuer trois fois ?* »

Eve écoutait d'une oreille distraite. C'était un programme local, payé par des firmes locales, et les gosses de la ville en étaient emballés. Un jeu, songea Eve. Des pions sur un échiquier, blancs contre noirs. Et le revolver signifiait la puissance. Le dernier à apparaître sur l'écran avec une arme à la main est toujours le héros. Elle frissonna.

Jamais au cours de sa vie elle n'avait été témoin d'un drame aussi brutal. Elle se demanda si elle aurait le courage voulu pour l'affronter.

Une fois l'émission Grif Griffin terminée, le speaker donna les nouvelles. Eve ne les écouta qu'à partir du moment où elle entendit son propre nom :

« On craint pour la vie de miss Eve Ames, institutrice à l'école primaire de Jefferson. »

Eve sursauta et se redressa sur sa chaise. La voix continua :

« Martin Mariot, 33 ans, dont le fils, Daniel, a été tué accidentellement hier, dans la cour de l'école, a été pris d'une crise de folie à 4 heures cet après-midi. Il a battu et grièvement blessé sa femme, Susan. Les voisins, en entendant les cris de Mrs Mariot, ont appelé la police. Mrs Mariot, 30 ans, a été transportée

inconsciente à l'hôpital, mais son mari a échappé aux policiers.

« Mrs Mariot a repris conscience à 5h45 pour apprendre à l'officier de police James Lord que son mari voulait tirer vengeance de miss Ames, l'institutrice de son fils ; il estime, en effet, que c'est le retard apporté par celle-ci à appeler un médecin qui a causé la mort de l'enfant. D'après sa femme, il est en possession d'un revolver calibre 22 semblable à celui avec lequel le petit garçon s'est tué hier, pendant l'heure du déjeuner. On croit que le père, qui était en dehors de la ville quand le drame a eu lieu, est devenu fou de douleur. Le lieutenant Lord déclare que l'enfant est mort instantanément d'une balle dans le cœur mais, à en croire la mère, le père se refuse à admettre ce fait.

« Chose curieuse, le fils du lieutenant Lord, Terry, âgé de neuf ans, a été témoin de la mort du jeune Mariot. La police s'est aussitôt rendue à l'appartement de miss Ames, dans Hermosa Street, mais ne l'y a pas trouvée ; on ignore où

elle est actuellement. La police demande à quiconque pourrait fournir des renseignements à son sujet de le faire savoir immédiatement.

« L'homme, Martin Mariot, est armé et peut être dangereux. Il mesure un mètre soixante-dix ; il est maigre, a les cheveux et les yeux bruns, et une phalange en moins à l'index de la main gauche. Quiconque l'apercevra est prié d'avertir la police. Nous vous donnerons toutes les nouvelles informations à ce sujet dès qu'elles nous parviendront. »

Eve était debout.

– Ils ne vont pas tarder à arriver, dit Frances d'une voix brève. Les policiers, j'entends. Geoffrey les aura renseignés.

– Je lui ai menti, dit Eve. Il ne sait pas que je suis avec vous. Je lui ai dit que je ne vous verrais pas ce soir.

– Oh ! Eve ! Et le téléphone qui n'est pas encore branché...

– Je voulais être seule, pour réfléchir à tout cela. Je ne voulais pas faire de la peine à Geoffrey.

– Je comprends. Mais il faut que la police sache où vous êtes.

– Je sais. Je... je ne tiens pas à rencontrer... ce pauvre homme, murmura Eve.

– C'est lui le coupable. Il a accumulé les imprudences ; il doit le comprendre.

Eve inclina la tête.

Frances se mit péniblement sur pied.

– Nous ne pouvons pas rester ici sans rien faire, Eve. Descendons chez l'épicier, en bas de la colline.

– Il est inutile que vous y alliez, miss Connor. La boutique est-elle encore ouverte ?

– Jusqu'à sept heures. Dépêchez-vous. Frances réinstalla sur le fauteuil son corps replet. Vous irez plus vite seule, alors partez sans tarder.

Eve saisit son manteau, son sac et les clés de la voiture de miss Connor. Il était insensé que quelqu'un voulût la tuer ! Elle n'avait qu'un kilomètre environ à parcourir, et, de la petite épicerie où elle resterait peut-être jusqu'à ce qu'on vînt la protéger, elle pourrait appeler la police. Oui, ce n'était pas difficile et elle se refusait à penser à Martin Mariot.

Mais elle ne pouvait s'en empêcher. « Un homme armé d'un revolver, se disait-elle, et je ne lui en veux pas, j'ai pitié de lui. Mais à quoi cela me sert-il de le comprendre et de le plaindre ! Il faut que j'aille trouver la police, ils sont armés eux aussi. »

Elle sortit de la pièce et courut jusqu'à la voiture. Puis elle la fit tourner en direction du bas de la colline. Elle tâtait de la main pour trouver l'allumage, et ayant éclairé le tableau de bord, elle l'examinait avec attention lorsqu'une voix rauque d'homme dit :

– Miss Connor ?

Elle s'entendit répondre « oui » d'un ton sec. Car elle était pressée et n'avait guère le temps de s'occuper de cet homme qui se tenait debout au bord de la route, et marmonnait quelque chose en la regardant.

– Ma femme m'a dit que vous veniez

de faire construire cette maison là-haut. J'ai pensé...

– Qui êtes-vous ? demanda-t-elle en relevant la tête, d'une voix forte. Mais elle le comprit immédiatement. L'homme avait agrippé de la main gauche le rebord de la portière et Eve vit qu'il lui manquait la première phalange de l'index.

– Peu importe qui je suis, murmura-t-il et il leva la main droite. Oui, il tenait un petit revolver. Son visage, que le tableau de bord éclairait par en dessous, était plein d'ombres et de creux étranges.

– Où est miss Ames ? demanda-t-il d'un ton dur. C'est votre amie. Où est-elle ? Vous feriez mieux de me le dire, miss Connor.

C'est alors seulement qu'Eve comprit qu'il l'avait prise pour Frances. Il l'avait appelée une fois déjà miss Connor et elle avait répondu « oui », machinalement.

– Je ne sais pas, dit-elle. Excusez-moi, j'allais partir. Mais elle réfléchissait, son cerveau travaillait à une vitesse insolite. « *Si je lui mens et que je continue mon chemin et qu'il aille trouver miss Connor, il la prendra peut-être pour moi.* »

Cette pensée lui était intolérable.

– Attendez une minute.

Il regardait vers la maison et Eve savait qu'il pouvait apercevoir une petite partie de la pièce, à l'endroit où le store s'écartait de la fenêtre. Que voyait-il au juste ?

– Il y a une femme dans la maison, dit-il. Ne me racontez pas de boniments. Une vieille dame avec une jambe malade. Qui est-ce ?

– Ma mère, répondit promptement Eve d'un air hautain, comme s'il avait dû le savoir. Qu'est-ce que vous voulez ? Que je vous dépose quelque part ?

Elle feignait de ne pas voir le revolver, car son cerveau étrangement détaché songeait qu'elle racontait des mensonges et que Frances Connor n'y comprendrait rien. Elle ne pouvait pas laisser cet homme devant la maison. Tant qu'il ne la reconnaissait pas, elle n'avait rien à craindre. Une fois dans l'épicerie...

– Oui, déposez-moi quelque part, dit-il brusquement et il monta dans la voiture. Allez-y, miss Connor, ajouta-t-il presque aimablement. Je ne tiens pas à ce que la vieille dame se mette à sa fenêtre.

Eve appuya sur le démarreur. Que pouvait-elle faire d'autre ? La voiture roula le long de la brève section horizontale de la route, puis prit le tournant qui amorçait la pente.

– J'ai besoin d'une voiture, dit l'homme d'une voix sonore qui semblait à Eve croître et décroître, bizarrement. Les flics ont pris la mienne.

– Les flics ? articula-t-elle péniblement.

– Autant que vous le sachiez. J'ai tué ma femme cet après-midi. Je n'ai plus rien à perdre. Et je vais tuer votre amie, miss Ames.

La route s'enfonçait entre deux collines ; elle était déserte et sombre. Mais tout en bas, sur la nationale où roulaient des voitures, se trouvait l'épicerie.

– Est-ce que... (Eve avala sa salive) vous vous attendez... à ce que je vous aide ? Elle parlait d'une voix haletante.

– Ouais, dit-il, j'ai un revolver.

Le cerveau d'Eve avait cessé de penser clairement. Ses idées tournoyaient à présent comme des oiseaux affolés. Pouvait-elle parler à cet homme ? Le calmer ? Le persuader de se rendre à l'hôpital ? Ou essayer de jouer les héroïnes et de lui prendre son arme ?

Il lui semblait que c'était le volant et non pas ses mains qui tremblaient. Puis, brusquement la route s'étendit, toute droite, courant entre des maisons qui n'étaient pas éloignées de l'épicerie.

– Où est-ce que vous alliez ? demanda-t-il brusquement.

– Je... j'allais téléphoner.

Sa voix cachait assez bien son émotion.

– Vous n'avez pas le téléphone là-haut ?

– Non.

– Attendez une minute ; arrêtez-vous. Faut que je réfléchisse à quelque chose.

La voiture trembla et stoppa sur le bord de la route. Eve lâcha le volant et posa ses mains glacées sur ses joues. L'épicerie n'était qu'à quelques mètres de là, encore éclairée, encore ouverte, et les voitures les croisaient, pour se rendre à quelque rendez-vous normal.

– Ne bougez pas, dit-il en braquant sur elle le revolver. Où est-ce qu'il y a un téléphone ?

– L'épicerie, balbutia-t-elle en la désignant du doigt.

– Cette miss Ames. Elle habite bien de ce côté-ci de la route côtière ? Au 1215, Hermosa Street ?

– O... oui.

– Vous croyez qu'elle est chez elle ?

– Je ne sais pas. Écoutez, Mr Mariot...

Il lui jeta un regard soupçonneux.

– La radio a parlé de vous, reprit Eve.

– De moi ? Les flics, je pense. Il n'avait pas l'air inquiet. C'est comme ça que vous m'avez reconnu ?

– Votre doigt abîmé...

– Ah ! oui ? murmura-t-il. Alors, je passe à la radio !

– Mr Mariot, dit Eve d'une voix sourde, vous n'avez pas tué votre femme cet après-midi. Elle est vivante, à l'hôpital. Du moins elle a été capable de...

– De parler, conclut-il. Alors, ils savent que je cherche miss Ames, hein ? Je vous ai vue sortir de la maison.

Eve sentait qu'il se détendait.

– J'ai eu l'impression que vous n'étiez pas tellement surprise.

Il avait peut-être l'air détendu, mais il était rusé. Son cerveau, Eve le sentait, travaillait librement, indépendamment de son cœur brisé. Elle était donc en danger de mort. Il fallait qu'elle soit prudente. Cet homme était terriblement dangereux, elle le savait.

Elle dit aussi calmement que possible :

– Mr Mariot... *Pourquoi ?*

– Taisez-vous, fit-il, je réfléchis. La main armée du revolver s'agita.

– Ainsi la vieille dame n'a ni le téléphone ni une voiture et elle a une jambe malade. Donc elle n'ira pas prévenir les flics que vous avez disparu.

– Que... que j'ai disparu ?...

– Écoutez, miss Connor, dit-il d'un ton las. Miss Ames étant votre amie, vous ne tenez sans doute pas à m'aider, mais vous le ferez tout de même. Je pourrais vous faire sortir de la voiture et m'arranger pour que vous ne soyez pas en mesure de parler pendant un bon bout de temps. Je pourrais le faire, vous comprenez ? Mais j'ai besoin d'une voiture et peut-être que j'aurai besoin de vous aussi pour me conduire jusqu'à miss

Ames. Personne ne sait que je vais prendre votre auto. Et je vais avoir besoin de vous pour le coup de téléphone. Oui, ça c'est une bonne idée.

– Le coup de téléphone ?

– Je veux que vous alliez dans cette boutique appeler l'appartement de miss Ames et voir si elle est là. Mais vous ne pourrez pas la prévenir à mon sujet parce que j'aurai mon revolver braqué sur vous. Le téléphone est dans une cabine, hein ?

– Non, c'est un appareil mural.

– Y a pas de cabine ?

Il semblait effondré. Eve secoua la tête. Ça ne pouvait pas durer. Dans cinq minutes, ce serait fini. Car Mr Johnson, l'épicier, la connaissait très bien. Il avait une fillette dans sa classe. Dès qu'elle mettrait le pied dans la boutique, il crierait : « Comment ça va, miss Ames », et alors, que ferait cet homme ? L'homme au revolver, qui réfléchissait silencieusement à ses problèmes.

Elle dit d'un ton de désespoir :

– Mr Mariot, j'étais là-bas hier et je vous assure que miss Ames...

– Je sais, dit-il durement. Je sais tout, alors ne me parlez plus de tout ça.

Mais elle l'avait incité à parler et il ne pouvait plus s'arrêter :

– Cette miss Ames, elle ne voulait pas d'histoires. Un petit gosse est blessé, il est tombé. Mais elle, elle ne veut pas d'histoires. Alors, elle n'appelle pas le docteur pour le gosse. C'est vous qu'elle appelle. J'ai appris que c'était vous qui aviez finalement appelé le docteur. Mais c'était déjà trop tard. Je sais ce qui s'est passé – Sue me l'a dit. Et si je n'ai pas tué ma feignante de femme...

Elle voyait maintenant le pli cruel de la bouche.

– ... Qu'elle vive avec ses souvenirs ! Mais je vais tuer cette fille et, après, je me fous de ce qui arrivera. Rien de plus, vous comprenez ? Rien de plus. Il faut que je le fasse, c'est tout. Et je le ferai. Et ce qui va vous arriver à vous, ça m'est égal aussi. Alors, bouclez-la, voulez-vous ?

Il parlait comme si c'était Eve qui continuait la conversation. Sa voix prit un ton désagréablement aigu :

– Elle aurait pu appeler le docteur et elle ne l'a pas fait. C'est un crime. Maintenant, c'est à son tour de recevoir une balle et y aura pas de docteur non plus. Alors, bouclez-la.

Eve se tut ; elle ne pouvait pas, elle n'osait pas dire que l'enfant était mort sur le coup. On ne peut pas contredire une obsession. Elle demeura immobile dans l'obscurité, sans prononcer un mot.

Que faire au sujet de Mr Johnson ? C'était un bon type jovial. Il risquait une balle lui aussi. « Non, non, et moi non plus je ne serai pas tuée ! cria silencieusement Eve. Je ferai tout ce que je pourrai... » Le courage lui vint tout à coup. Il fallait se montrer plus rusée que cet homme obsédé par la haine. Il ne fallait pas qu'il tue qui que ce soit. Eve mettrait en jeu toutes ses forces, toute son intelligence, tout son sang-froid pour l'empêcher.

– Alors, les flics sont au courant ? demanda l'homme. Il faut que j'agisse sans qu'ils s'en doutent.

– Oui, ils sont au courant, dit-elle calmement.

– Ils l'ont dit à la radio, hein ?

– Oui.

Il poussa une espèce de grognement ; puis il alluma la radio de la voiture. Mais ce n'était pas l'heure des nouvelles. Le poste ne diffusait que de la musique. Eve trouva étrange d'être assise, à écouter de la musique, à côté d'un homme qui voulait la tuer, là, dans le doux crépuscule.

Puis elle vit une silhouette de femme sortir de la boutique et traverser la route devant eux. Aucun doute : cette démarche de canard, ce cou trop maigre pour ces épaules trop épaisses, c'était ceux de Mrs Peasley, une personnalité influente dans la PTA. Elle clignait des yeux sous l'aveuglante lumière des phares et elle n'était pas femme à passer près d'une voiture en stationnement sans jeter un coup d'œil à l'intérieur. Elle se vantait également de sa mémoire des noms. Elle dirait : « Bonsoir, miss Ames… c'est bien vous, n'est-ce pas ? » de sa voix sirupeuse.

Eve demeura paralysée. Elle eut la vision de son propre corps tombant hors de la voiture et de celle-ci fuyant dans la nuit. Elle écarta cette vision. Non, cela n'arriverait pas, il ne fallait même pas l'envisager.

– Démarrez, dit Mariot. Tournez à gauche. Vite.

Les mains et les pieds d'Eve appuyèrent sur les leviers de commande. La voiture passa près de Mrs Peasley, avala le tournant, et reprit la direction du canyon.

– Doucement, dit Mariot d'un ton inquiet.

Sa bouche était si près de l'épaule d'Eve qu'elle pouvait sentir son souffle.

– Doucement. Y a une station-service

à quelques kilomètres d'ici ; elle est fermée à cette heure-ci. Mais y a une cabine téléphonique devant. Je ne vois pas, ajouta-t-il naïvement, comment j'aurais pu vous tenir en joue dans la boutique sans attirer l'attention.

« À quelle distance étais-je de la balle ? » songea Eve. Mais c'était là une pensée angoissante qu'elle rejeta aussitôt.

– En outre, ajouta Mariot, cette Mrs Peasley, elle me connaît.

– Elle vous connaît ?

– Cette vieille sorcière faisait partie du bureau de recrutement, dit-il d'un ton hargneux.

Malgré elle, Eve eut envie de rire. Elle l'avait échappé belle. Ce qui lui avait paru être un désastre était, provisoirement, le salut. Mais il ne fallait pas penser au passé, seulement à l'avenir. Eh bien, elle téléphonerait et n'obtiendrait pas de réponse. Après, Dieu sait ce qui arriverait, mais cela lui donnerait le temps de réfléchir. Et Mrs Peasley avait peut-être vu quelque chose...

2

Geoffrey Taggart grimpa rapidement l'escalier et frappa à la porte d'Eve. La porte s'ouvrit et une robuste main masculine le tira à l'intérieur.

– Qui êtes-vous ? demanda le lieutenant Lord, d'un ton agressif.

– Mon nom est Taggart, je suis un ami de miss Ames, répondit Geoffrey de sa voix agréable d'homme cultivé. Elle est là ?

– Est-ce que vous ne m'avez pas dit au téléphone que vous *ne saviez pas* où elle était ?

– Ce n'est pas exactement ce que j'ai dit. Je voulais simplement lui fixer un rendez-vous et elle a refusé.

C'était un homme svelte, d'une trentaine d'années. James Lord, avec son visage rugueux, son air placide, avait l'air d'un costaud à côté de la silhouette mince et nerveuse de Taggart.

– Alors, pourquoi croyez-vous qu'elle était là ? questionna le lieutenant. Si vous avez des nouvelles, dites-les vite.

– Je pensais qu'elle était peut-être chez elle.

– Eh bien, non, elle n'y est pas. Avez-vous une idée d'où elle peut être ? Chez une amie ?

Écoutez-moi, Taggart. Cette petite est en grand danger, je n'exagère pas, je vous assure.

Les yeux de Lord étaient froids et calmes.

Geoffrey fit la grimace.

– Je sais. Je suis inquiet, c'est pour ça que je suis venu.

Le lieutenant lui avait tourné le dos, comme s'il s'était résigné à ne rien apprendre d'intéressant. Geoffrey reprit :

– Je sais qu'elle n'est pas avec Frances Connor, comme je vous l'ai dit. Mais elle a pu aller à San Diego. Elle y a des parents...

– Qui et quelle est leur adresse ?

Le lieutenant se retourna.

– Une tante nommée Marie. C'est tout ce que je...

La voix de Geoffrey se brisa et il haussa les épaules en un geste d'impuissance.

– Cette tante, c'en est vraiment une ? Elle est mariée ?

Le policier était un homme rapide et précis, qui exigeait la précision.

– Oui, je crois, dit Geoffrey.

– Ça ne nous donne pas son nom.

– Eve n'a pas parlé d'aller à San Diego. Il se peut – après tout, c'est l'heure – qu'elle soit allée dîner.

– Je l'espère, dit le lieutenant.

– Cet immeuble est surveillé, je suppose ?

– Oui, il est surveillé. Si vous voulez rester ici, ne faites pas de bruit. Il est possible que notre homme soit dans les parages. S'il n'a pas déjà mis la main sur elle.

– Mais sûrement vous ne..., balbutia Geoffrey.

– Bien sûr, bien sûr, répéta Lord distraitement. Mais comme il est à pied, il a pu passer par des chemins détournés. Excusez-moi. Ne bronchez pas jusqu'à ce que je vous laisse sortir.

Le lieutenant partit, fermant la porte derrière lui. Geoffrey regarda autour de lui, en clignant des yeux. Les rideaux étaient soigneusement tirés. La pièce était close, vide, sans air. Geoffrey s'assit.

Une fois dehors, Lord marcha sans hâte jusqu'au coin de la rue. Il s'arrêta pour allumer une cigarette et parla à une ombre, immobile entre deux maisons.

– Rien ?

– Non.

Le lieutenant jeta un coup d'œil vers le ciel.

– Miss Ames est une fille bien. Mon gosse l'aime beaucoup.

– Comment est-ce qu'il aurait pu la retrouver puisque nous n'y sommes pas arrivés ? dit la voix douce de l'ombre.

– C'est peut-être justement pour ça que nous ne la retrouvons pas, dit Lord. Quelle heure est-il ?

– Sept heures moins cinq.

Le lieutenant jura entre ses dents...

Dans l'appartement d'Eve, le téléphone sonna. Geoffrey sursauta et fixa l'appareil, puis il décrocha avec hésitation.

– Ici, Frances Connor, dit une voix, rapidement.

– Ah ! Frances, fit Geoffrey, soulagé. Alors vous êtes au courant ? Où est Eve ? Vous le savez ? Elle n'est pas chez vous, si ?

– Non. Elle n'est pas chez elle ?

La voix semblait anxieuse.

Évidemment, songea Geoffrey. Lui aussi était anxieux.

– Non, personne ne sait où elle se trouve. Où a-t-elle bien pu aller ? Il n'attendit pas la réponse. Frances, savez-vous l'adresse de sa tante à San Diego ?

– Non, je...

– J'espérais qu'elle s'y trouvait peut-être. Je savais qu'elle n'était pas chez vous et, comme un imbécile, je suis venu ici pensant qu'après tout, elle s'y trouvait peut-être. Je voudrais bien savoir ce que je dois faire. La police croit qu'elle est peut-être allée dîner.

Il avait l'impression de parler dans le désert.

– Où êtes-vous Frances ?

– Dans une cabine téléphonique à...

La phrase resta en suspens et Geoffrey fronça les sourcils.

La voix sembla revenir de très loin.

– Vous dites que la police est là ?

– Oui. Pas dans la chambre, mais elle surveille les lieux. Il est à pied et très capable de leur filer entre les doigts, m'a dit un lieutenant. Il va peut-être essayer de rentrer ici. Vous êtes seule, Frances ? De nouveau, il n'attendit pas la réponse. Vous ne voulez pas venir ici ? Nous pourrions unir nos forces.

– Alors vous croyez qu'elle va revenir ? interrogea la voix.

– On n'en sait rien, on l'espère.

– Je viendrai peut-être.

– Bon, bon.

– Bonsoir, Adam, dit soudain la voix, d'un ton tout autre et avec énergie. Et on raccrocha. Geoffrey fit de même, surpris.

Il mit les mains dans ses poches. *Adam.* Il était peu probable qu'Eve l'ait surnommé ainsi devant Frances. Si un homme flirte avec une fille nommée Eve et suggère qu'il sera peut-être un jour son Adam, c'est un signe d'intimité, et non pas une plaisanterie. Néanmoins, Frances était comme une mère pour Eve. Geoffrey s'efforça de ne pas penser à cette petite impertinence. Ce n'était pas le moment de se montrer susceptible. Eve avait des ennuis, des ennuis graves, à en croire le lieutenant.

Lui, Geoffrey, ne savait trop quoi faire. Toute cette situation était si déconcertante. Il ne voyait aucun moyen de résoudre le problème et de trouver Eve, de la sauver. Que pouvait-il faire, sinon attendre ? Et la police de même ? Il commença à arpenter la pièce silencieuse et vide.

Eve avait raccroché brusquement pour le cas où Geoffrey aurait réagi à ce surnom d'Adam. Elle se trouvait dans une cabine en compagnie de l'homme armé d'un revolver.

Elle avait passé un mauvais moment quand Mariot avait mis la pièce dans la fente et qu'elle, Eve, certaine de ne rien entendre au bout du fil, avait perçu la voix de Geoffrey. Mais, à présent, elle se félicitait de ce que sa propre voix eût rendu un son rauque et angoissé, que Geoffrey ne l'eût pas trahie, qu'il eût affirmé savoir qu'elle ne se trouvait pas chez Frances. Mariot devait être convaincu que Frances, c'était elle.

Et elle remerciait le Ciel de ce bref contact avec un ami. Mais le contact avait-il bien été établi ? Oh ! Geoffrey allait comprendre ! Le nom d'Adam devait l'éclairer sur l'identité de la voix au bout du fil. Mais à quoi cela servirait-il ? Elle n'avait rien pu lui apprendre d'utile, car le revolver lui entrait dans les côtes et Mariot était si près d'elle que leurs joues se touchaient presque.

Elle fut soulagée de quitter la cabine. La voiture était arrêtée près des pompes à essence et Mariot avait éteint la radio. Aucun passant n'avait fait attention à eux, ni à la cabine dont la porte était restée entrebâillée afin que la lampe ne s'allumât pas. Eve, Mariot et le revolver étaient restés serrés les uns contre les autres dans la pénombre, et ils revenaient maintenant ensemble vers la voiture. D'autres autos les croisaient. Aucun conducteur ne détourna la tête.

Ils remontèrent dans la voiture de Frances ; la police – d'après ce qu'avait dit Geoffrey – le croyait à pied.

Mais Eve n'avait plus peur. Elle s'installa docilement au volant, supputant ses chances. Il y avait Frances qui allait commencer à s'inquiéter. Il y avait Geoffrey, qui finirait bien par comprendre. Il y avait encore Mrs Peasley et peut-être Mr Johnson, si par hasard il avait vu la voiture de miss Connor passer en trombe. Toute une série de petits faits qui, tôt ou tard, s'additionneraient pour mettre la police sur la voie. Le temps travaillait pour Eve. Elle demeura tranquillement immobile, les mains sur le volant.

Mariot dit :

– Il faut que je rentre dans son appartement. C'était une idée fixe. Il la suivait implacablement et, dans le cadre de cette obsession, son cerveau travaillait avec intelligence.

– Pourquoi ? fit Eve, doucement. Elle n'est pas là-bas.

– Je l'attendrai.

– Et la police surveille l'immeuble.

– Je me fous de la police. C'est un piège. Mais je la tuerai le premier et, après, je me moque du reste.

Il s'agita sur son siège.

– Il faut que j'arrive à leur passer sous le nez une seule fois, ça suffira !... Elle a un garage ?

– Elle n'a pas de voiture.

– Tous les immeubles ont un garage, dit-il d'un ton irrité.

– Oui, il y a un garage, admit Eve. Son appartement est au-dessus.

– Ah ! fit-il avec satisfaction. Et il y a un escalier intérieur ?

– Oui.

La porte menant du garage à l'appartement était toujours verrouillée, par mesure de protection pour Eve. Elle ne savait s'il fallait le dire ou non à Mariot.

– Y a-t-il des voitures dans ce garage ?

– Une, avoua-t-elle.

– Alors vous y conduirez celle-ci.

– On ne me laissera pas entrer !

– Vous crierez votre nom. Ce type vous attend, n'est-ce pas ? Vous y arriverez.

– Mais c'est impossible ! protesta-t-elle. Et si les portes ne sont pas ouvertes ! Et si...? Non, c'est impossible.

À sa surprise, il s'inclina, comme s'ils avaient été non des ennemis, mais des alliés.

– D'accord. Eh bien, nous arrêterons la voiture dans les parages et quand cette fille arrivera...

Eve ne dit rien, mais il parut lire ses pensées.

– Vous la connaissez. Vous savez à quoi elle ressemble.

– Moi ?

– Et vous m'avertirez, conclut-il avec un sourire cruel.

– Il se peut qu'elle ne vienne pas du tout, dit faiblement Eve. Elle est peut-être à San Diego.

Il grommela :

– Allons-nous-en.

Elle mit la voiture en marche et prit la direction de la ville.

– Et ?... commença-t-elle.

– Ouais ?

Chose curieuse, ils semblaient être, de temps à autre, des collaborateurs, ruminant le même problème. Peut-être était-ce parce que Eve devait s'efforcer de ne pas songer à sa propre identité. Elle craignait l'intuition de Mariot, et s'efforçait de deviner quel cours prenaient ses pensées.

– J'allais dire : Et l'homme qui a répondu au téléphone ?

– Aucune importance.

Mariot n'avait pas peur ; il avait dépassé ce stade. Il repoussait la vision de Geoffrey ;

lui possédait une arme. Eve se rendit compte que Geoffrey, lui aussi, serait en danger. Elle évoqua sa silhouette mince, son visage intelligent. Aurait-il le courage de s'opposer à la force brute ? Y avait-il un moyen de sortir cet homme de son dangereux désespoir ?

– Mr Mariot, dit-elle d'un ton songeur, vous n'avez pas pensé que votre femme avait assez souffert comme ça ? Qu'elle est déjà assez malheureuse ?

Un courant d'énergie sembla traverser le corps de Mariot.

– Tant mieux, si elle est malheureuse, dit-il et il se mit à jurer pendant un long moment. La voiture suivait le canyon, passa devant la boutique de Mr Johnson, fermée et sombre, à présent.

– Si elle s'était tirée du lit, gronda-t-il, mais pensez-vous ! Pas quand je ne suis pas là ! Alors le gosse a préparé son déjeuner lui-même – elle s'en fiche pas mal !

– Est-ce qu'elle s'est levée pour vous préparer votre petit déjeuner ? demanda Eve, sans aménité.

– Oui, à trois heures, parce que je l'y ai obligée.

« *Vraiment ?* songea Eve. *Mais le fait qu'un gamin de neuf ans se prépare pour une fois son repas n'a pas obligatoirement des conséquences fatales. C'est votre propre négligence qui est coupable... et vous le savez bien !* »

Mais elle garda le silence.

– C'était pas une raison pour qu'elle reste couchée toute la matinée. Elle ne s'est pas occupée du gosse ! Elle aurait dû le faire, poursuivit-il. Et je l'ai *appelée*...

Sa voix se brisa.

– Je l'ai même appelée au téléphone dès que je suis arrivé chez Jasper. Je m'étais aperçu que j'avais oublié le petit revolver ; alors j'ai téléphoné et, à ce moment-là, ce n'était pas encore trop tard, miss Connor. Ce n'était pas encore trop tard.

Il eut un soupir qui ressemblait à un sanglot.

« Si, c'était trop tard, songea Eve, *et vous le savez aussi, pauvre homme que vous êtes ! »*

– Bon sang, quand j'ai appris ça, qu'est-ce que je lui ai passé ! Oui, je lui ai passé quelque chose ! Je regrette de ne pas l'avoir tuée, conclut-il d'un ton morne.

Eve eut alors la vision de Mariot apaisé, ayant usé son énergie et, avec elle, oublié son obsession. Si sa tension nerveuse s'apaisait... si Eve le faisait parler, peut-être arriverait-elle à ce résultat ?

– Peut-être l'avez-vous tuée, dit-elle. D'après la radio, votre femme est très sérieusement blessée.

– Ouais ? fit-il avec indifférence.

Mais il s'agitait de nouveau, en proie à son angoisse.

– Je suis parti à la chasse avec des copains. Je n'ai reçu le message qu'à dix heures du soir. Nous étions dans une auberge, à boire de la bière. J'ai perdu la tête, miss Connor.

– Je comprends ça, dit Eve d'une voix tremblante et la gorge serrée car il lui faisait vraiment de la peine.

– Ils m'ont dit de me reposer ! cria-t-il. Qui pourrait se reposer ? À minuit, je n'ai pu en supporter davantage, je suis revenu.

– Le trajet était long ?

– Dix heures.

– Dix heures pour aller, dix heures pour revenir. Vous devez être fatigué.

– Oui, je suis fatigué.

Ils semblaient presque des amis. Lui paraissait sentir enfin la compassion sincère qu'elle éprouvait à son égard.

– Est-ce qu'il n'y a pas un endroit où vous pourriez dormir ? suggéra-t-elle. Au moins quelques heures.

Mais il dit d'un ton solennel :

– Je dormirai dans ma tombe. Ou en prison... ça m'est égal. Donnez plein gaz, miss Connor. Nous n'avançons pas.

Je crains que nous n'y arrivions pas, dit Eve, je crois que je n'ai pas assez d'essence.

– Alors, arrêtez-vous ! Là-bas. Il parlait d'un ton dur et impératif. Ce nouveau problème semblait le stimuler.

Eve gagna le tournant. Ils s'arrêtèrent sous des arbres. Mariot se pencha et examina le cadran d'essence. Sa main gauche, celle où manquait une phalange, se crispait sur le siège. Il regarda Eve avec des yeux méfiants et rusés. Elle soutint ce regard d'un air innocent.

– Je n'ai pas confiance en vous, miss Connor, dit-il. Vous avez trop l'air de prendre mon parti. Peu importe. J'ai trouvé le moyen de vous tenir en joue, comme ça, vous serez bien forcée de m'obéir. Servez-vous de ça, et nous irons chercher de l'essence.

Il désignait la bande de gaze et le sparadrap qui avaient été destinés à panser le pied de Frances.

Allez-y. Sa main droite braquait le revolver droit sur Eve. Bandez tout : la main et le revolver. On croira que je me suis fracturé quelque chose, mais n'oubliez pas que le revolver sera là et mon doigt sur la détente. Personne ne le saura que vous. Et n'essayez pas de me rouler, miss Connor. Rappelez-vous que je suis capable de me débrouiller tout seul... et de vous abandonner ici.

Ils étaient presque au centre de la ville, dans une rue de petites boutiques dont aucune n'était ouverte. Pas de cinéma, rien qui pût attirer l'attention, aucun passant.

Eve prit la boîte de pansements.

– Non, je ne peux pas vous faire confiance, dit-il comme à regret. Vous n'allez pas m'aider à tuer miss Ames. Personne ne va m'aider, mais j'y arriverai bien tout seul.

– Je ne suis pas infirmière, dit sèchement Eve. Je vais probablement faire un pansement complètement raté.

Il ne répondit rien. Sa main était aussi dure, aussi rigide que le métal tandis qu'Eve commençait à le bander. Puis, de son autre main, il alluma la radio et tourna le cadran pour trouver les informations.

Le bulletin de 7 heures était presque terminé. Le speaker finissait une phrase : « ... *bien habillée, aspect soigné.* » Une pause. « *Toute personne ayant rencontré une femme répondant à cette description est priée d'avertir la police. Je répète : Toute personne pouvant fournir des renseignement sur miss Eve Ames est priée de se mettre immédiatement en rapport avec la police. Et ceci conclut notre bulletin d'informations.* »

Une chanson à la mode suivit.

Mariot poussa un juron :

– J'allais savoir à quoi elle ressemblait !

Eve, employant ses deux mains pour mieux déchirer le sparadrap et dissimuler un peu leur tremblement, dit :

– Vous auriez dû aller à une réunion de la PTA de temps à autre.

Elle eut l'impression que le son poussé par Mariot ressemblait à un rire et elle le regarda dans les yeux. Mais ces yeux-là ne sauraient plus rire. Plus jamais. Ils se baissèrent.

– Venez, ne faites pas d'histoires, grommela-t-il.

– Il est plus de sept heures, dit Lord. Vous voulez rester ici ou partir ?

Geoffrey se leva.

– Miss Connor avait l'intention de venir. Je lui ai parlé au téléphone. S'il y a quelque chose qu'elle ou moi puissions faire...

– Quelle voiture a-t-elle ?

– Une conduite intérieure. Il en connaissait la marque, mais non l'âge. Bleu sombre.

– Elle a dû se heurter au barrage. Nous arrêtons tous les gens qui essayent d'entrer dans ce pâté de maisons.

– Dois-je rester ici ? demanda Geoffrey. Est-ce que je peux vous être d'une utilité quelconque ?

– Je ne crois pas, répondit Lord avec bienveillance.

– Il faut que je sorte d'ici, murmura Geoffrey.

– Descendez rapidement l'escalier, sans faire de bruit, et prenez la direction du nord. Mes hommes vous laisseront partir par là.

– Bon. Vous permettez que je revienne jusqu'au barrage ? Je dois rencontrer miss Connor. Elle devrait être là.

– Comme vous voudrez, dit Lord, avec lassitude.

– J'ai l'impression de devenir fou. Ne rien pouvoir faire... Je suppose qu'il faut vous laisser agir, vous autres, professionnels. Soyez franc avec moi : y a-t-il quelque espoir ?...

– Nous ferons notre possible, dit le lieutenant.

Quand il eut vu Geoffrey remonter dans sa voiture, le policier s'éloigna de la fenêtre, tout en se frottant le bas de la nuque. Il ferait tout son possible. Évidemment. Mais ça ne garantissait pas le succès. Cette espèce de cinglé allait essayer de venir ici ! Fallait-il diffuser un message comme quoi miss Ames était chez elle ? Ou le piège serait-il trop grossier ?

Où diable se trouvait-elle ? La police avait passé au crible toutes les femmes qui s'étaient trouvées dans les rues de cette ville. Si miss Ames avait eu peur et qu'elle se fût cachée quelque part, pourquoi ne l'avait-elle pas fait savoir à la police ? *Elle nous l'aurait fait savoir,* songea le lieutenant. Il ne la croyait pas en sûreté. À moins qu'elle ne fût allée à San Diego. Mais il ne pouvait pas convoquer là-bas toutes les femmes du nom de Marie. Et même de San Diego, miss Ames aurait dû apprendre, aurait dû donner signe de vie...

3

Le cœur serré, Eve s'arrêta dans la station-service, juste devant la pompe à essence. L'employé était là. Eve avala sa salive. Mais il lui était inconnu.

Toutefois, peut-être avait-il entendu la description faite d'elle à la radio ? La station locale, l'heure des enfants – combien d'adultes auraient écouté ? Et le poste national aurait-il diffusé aussi ces renseignements ? Sans doute que non. Du moins l'espérait-elle. Car si le garagiste disait : « Est-ce que vous n'êtes pas cette institutrice qu'on recherche partout ? » c'en était probablement fait d'elle.

Bien entendu, si l'homme conservait son sang-froid et reconnaissait également Mariot, il garderait le silence. Mais la main mutilée de Mariot avait tous les doigts crispés vers la paume. Il était assis, sa main bandée posée sur son avant-bras gauche. Il avait les nerfs tendus à se briser et le revolver qu'il tenait était toujours dirigé sur Eve.

Le pompiste dit d'un ton aimable :

– Vous faites le plein ?

– Oui s'il vous plaît.

Il se dirigea vers l'arrière de la voiture.

– Payez-le, dit Mariot. Il ne fallait pas qu'il

fasse voir sa main. Eve prit son sac, posé sur le siège. Brusquement, elle se rendit compte que son portefeuille contenait son arrêt de mort : sa carte d'identité, son permis de conduire.

Elle ouvrit le portefeuille avec précaution, dissimula de la main la carte protégée par un revêtement en plastique et sortit un billet de dix dollars. Puis, refermant le portefeuille, elle le laissa tomber sur ses genoux et demeura là, à palper nerveusement le billet. Si Mariot avait eu l'usage de ses deux mains, il aurait sans doute examiné le sac d'Eve. Mais à quoi bon penser à tout ce qui aurait pu se passer !

Comment pouvait-elle se servir de son nom et de son adresse pour donner l'éveil au garagiste ? Montrer sa carte ? Trop risqué. Il ne comprendrait peut-être pas tout de suite et Mariot était un assassin en puissance, armé d'un revolver. Laisser tomber le portefeuille ? Non, non, pas ici. L'homme ne tarderait pas à s'en apercevoir et il leur crierait de s'arrêter.

– Je vérifie l'huile ?

– Inutile, dit Mariot. Il était aussi tendu, aussi rigide que du métal. Pas besoin d'essuyer le pare-brise non plus.

– Comme vous voudrez.

Eve lui passa le billet.

Tout en lui rendant la monnaie, le pompiste dit à Mariot :

– Vous vous êtes fait mal à la main ?

– Fracture, dit Mariot.

– Sale histoire !

– Oui.

Eve prit la monnaie et la laissa tomber dans son sac avec des doigts tremblants.

– Partons, dit Mariot à voix basse.

Elle mit le moteur en marche. Le sac glissa de sa cuisse et tomba de nouveau sur le siège, entre son compagnon et elle, mais le portefeuille était toujours sur ses genoux, dissimulé par un pan de son manteau.

La voiture démarra. Juste au moment où elle dépassait le tournant, Eve leva son pied de l'accélérateur, car elle venait d'apercevoir Geoffrey. Il était au volant de sa décapotable noire, et se dirigeait à toute allure vers le canyon. Toute son attitude exprimait la hâte inquiète. C'était Eve qu'il cherchait, bien sûr. Il ne la vit pas et elle ne sut si elle devait s'en attrister ou s'en réjouir.

– Qu'est-ce qu'il y a ? demanda Mariot. Il semblait lire les pensées d'Eve.

Elle se força à ne plus songer à Geoffrey.

– Je voudrais que vous détourniez ce revolver de moi, balbutia-t-elle. Vous me rendez nerveuse. Mon pied a glissé.

Mariot ne répondit rien. La voiture bondit en avant. Ils arrivèrent à la route et Eve fut obligée d'attendre pour pouvoir s'introduire dans la file des voitures qui passaient.

– Le garagiste nous suit du regard, dit-elle, les yeux fixés sur le rétroviseur.

Mariot jeta un coup d'œil en arrière et elle en profita pour laisser glisser le portefeuille entre le coussin du siège et la portière.

– Mon manteau est pris dans la porte, dit-elle avec irritation. C'est très gênant.

– Ouais ? fit Mariot, l'œil soupçonneux. Eh bien, n'essayez pas de sortir de la voiture maintenant, sinon...

– Laissez-moi au moins dégager mon manteau, supplia-t-elle.

– Nous ne sommes qu'à quelques kilomètres de l'endroit où nous allons, car nous irons là-bas et j'ai besoin de vous.

– Je vous en prie. Elle leva les deux mains du volant.

– Bon, mais dépêchez-vous. Ça va être le feu vert, vous allez pouvoir tourner.

Elle enleva le pied du frein. La voiture roula encore quelques mètres. Ouvrant la porte de sa main gauche, Eve tira sur son manteau : le portefeuille tomba sur la chaussée. Eve claqua la porte, prit le volant et tourna brusquement à droite, déportant son passager par la violence du mouvement.

– Vous allez me rompre le cou, grommela-t-il. Les femmes au volant ! Maintenant, écoutez bien.

Eve ne lui prêtait aucune attention : elle examinait ses chances.

Geoffrey allait chez Frances et il apprendrait qu'Eve avait pris la voiture. Il avertirait la police et bientôt la voiture serait signalée. On retrouverait le portefeuille, ce qui indiquerait qu'elle se trouvait en ville. Eve se reprit à espérer.

Mais ce qui se passerait, entre-temps, lorsqu'ils approcheraient de l'appartement, ça, elle était incapable de le prévoir. Si elle parvenait à faire entrer la voiture dans le garage et que Mariot fût pris au piège, sans issue...

Elle songea : *« Non, impossible. Nous allons nous arrêter quelque part, dans la nuit, et attendre qu'Eve Ames arrive. Et elle n'arrivera jamais. Voilà tout. »*

– Tournez à droite, ordonna Mariot.

Elle obéit, attendant qu'un piéton passât. Mais personne, le soir, ne regarde le visage d'un conducteur. Ce sont les automobiles qui deviennent des êtres individuels et non les gens. Les phares sont des yeux, les capots sont les nez. On se demande : « Qu'est-ce que cette voiture a l'intention de faire ? »

Elle prit le tournant, et s'engagea dans une rue un peu escarpée, en direction du nord. L'appartement n'était qu'à quelques centaines de mètres plus loin.

– Écoutez-moi bien, dit Mariot d'un ton impérieux. Vous allez tourner à gauche et vous arrêter dans ce parc à voitures, sur la grand-route, derrière le restaurant.

– Comment ?

– Faites ce que je vous dis. Je vois des flics !

Eve obéit.

Ce faisant, elle aperçut, sous les réverbères, deux voitures de police qui semblaient vouloir bloquer la rue. Au même moment, elle vit, dans le rétroviseur, un agent à motocyclette, immédiatement derrière eux. Lui aussi prit le tournant.

Eve garda sa droite, conduisant avec lenteur et prudence. L'agent n'était pas pressé et ne les doubla pas. Elle ne concevait pas comment il réussirait à s'emparer du revolver ou même comment il devinerait où l'arme était cachée. Elle s'efforça de faire le vide dans son cerveau.

– Entrez dans le parking, dit Mariot. Lui aussi avait vu le motard.

Eve obéit à nouveau et Mariot la fit filer jusqu'à l'extrémité du parc, près d'une haute palissade. Eve arrêta le moteur ; elle tremblait. L'agent les avait suivis.

Mariot passa son bras gauche autour des épaules de la jeune fille et l'attira contre lui. Le revolver, sous le pansement, entrait douloureusement dans les côtes d'Eve. Le visage rugueux de l'homme se pressa contre le sien, et de sa main droite, il l'empêcha de tourner la tête.

Le motard fit lentement le tour du parking. Il regarda fixement de leur côté, comme s'il cherchait des fissures dans la palissade, mais il ne prêta aucune attention à ce couple d'amoureux. Puis il s'éloigna et inspecta le grand panneau indicateur, en bordure de la grand-route. Quelques instants plus tard, il avait disparu.

La voiture de Frances Connor n'était pas encore signalée.

Eve se sentait exténuée. Elle demeura inerte, la joue contre le menton de Mariot. Celui-ci semblait se détendre, la pression du revolver était moins pénible. Pendant deux minutes ils demeurèrent ainsi, l'un contre l'autre, affalés et silencieux.

« *C'est trop,* songea Eve. *Je n'en peux plus... et il doit être dans le même état que moi. Il faut bien qu'il abandonne. Moi je ne bouge plus jusqu'à ce que tout soit terminé.* »

À la station-service, un homme qui attendait que ses pneus fussent vérifiés suivait nonchalamment l'allée menant à la sortie. Il ramassa le portefeuille d'Eve et, sans même le regarder, le fourra dans sa poche.

Quand la voiture fut prête, il s'en alla. Il était seul. Arrivé sur la grand-route, à un feu rouge, il ouvrit le portefeuille et en tira l'argent. Pas grand-chose : huit dollars en tout. Avec un haussement d'épaules, il mit les billets dans sa poche et, comme le feu rouge tournait à l'orange, il démarra en direction du sud. Une fois sorti de la ville, il jeta le portefeuille sur la route.

Les mâchoires de Geoffrey se serraient péniblement. *Adam !* Il avait compris la signification de ce terme, mais trop tard. Était-ce Eve qui avait parlé au téléphone ? Il ne croyait plus que la voix appartenait à Frances. Il ne l'avait pas croisée sur la route. Elle n'était pas venue à sa rencontre. Geoffrey avait perdu trop de temps et il se hâtait, à présent, vers la demeure de Frances.

Il gravit à toute allure la colline et, arrivé à l'endroit où la route redevenait horizontale, ses phares illuminèrent Frances, le manteau autour des épaules comme une cape, claudiquant le long de l'ornière. Geoffrey freina.

– Geoffrey ! Il est temps ! Il ne lui est rien arrivé, j'espère ?

– Personne n'en sait rien, Frances.

Il était sorti de voiture et tendait la main à Frances. L'angoisse lui serrait le cœur.

– Que vous est-il arrivé ?

– Rien, j'ai fait une chute. Qu'est-ce que vous voulez dire : personne n'en sait rien ? Elle est partie d'ici il y a plus d'une heure. Je pensais qu'elle vous envoyait me prévenir.

– Elle est partie d'ici !

– Mais oui. Nous avons entendu la radio, alors elle est allée prévenir la police.

– Donc, c'était bien elle au téléphone, dit Geoffrey, désemparé.

– Au téléphone ? Mais où était-elle ? Qu'est-ce qu'elle a dit ?

– Je n'ai pas reconnu sa voix, sur le moment. Elle a prétendu être vous, Frances, pour une raison que j'ignore.

Il lui raconta en substance sa conversation au téléphone. Tout, sauf le dernier mot : *« Adam. »* Il était trop furieux contre lui-même pour mettre Frances au courant. Mais il n'avait pas su se douter qu'il s'agissait d'un message secret, d'une mascarade sinistre.

– Oui, ce ne pouvait être qu'elle, déclara Frances, abasourdie, quand Geoffrey eut terminé son court récit.

– Mais pourquoi m'a-t-elle menti ? demanda le jeune homme avec irritation. Et si elle a pu téléphoner, pourquoi n'a-t-elle pas appelé la police ? Qu'est-ce qui a bien pu lui arriver ?

Frances dit :

– Je ne comprends pas non plus, mais nous perdons du temps.

– Elle n'a pas appelé la police, répéta-t-il, rongé par l'inquiétude. Ils n'ont aucune nouvelle d'elle. Alors, pourquoi ?...

– Aidez-moi à monter dans votre voiture et faisons demi-tour, coupa Frances.

Geoffrey obéit.

– Je croyais qu'elle ne venait pas ici, dit-il d'un ton de léger reproche. Il était peiné que, pour une raison inconnue, Eve l'ait délibérément évincé.

– Peu importe, murmura Frances. Moi je crains qu'elle ait rencontré ce Mariot. Descendons jusqu'à l'épicerie.

– Elle est fermée.

– Nous réveillerons Mr Johnson.

Soudain, l'imagination de Geoffrey découvrit une explication.

– Frances, et si Mariot était dans l'épicerie quand Eve a téléphoné ? Ça expliquerait qu'elle n'ait pas osé donner son propre nom ni appeler la police...

(*« Alors, tu as été assez bête pour ne rien comprendre ! »* lui répondit inexorablement son propre cerveau.)

– En ce cas, nous ne serons peut-être pas en mesure de réveiller Mr Johnson, dit Frances, sombrement, ni Eve non plus. Pardonnez-moi.

Elle jeta un coup d'œil au visage crispé de Geoffrey.

– Dépêchons-nous.

La petite boutique était silencieuse et sombre. Frances Connor appela d'une voix stridente et ils entendirent du bruit au premier étage.

– Mr Johnson, c'est vous ? Descendez !

– Qu'est-ce qui se passe ?

Frances ne voulut pas répondre et l'épicier descendit. La lumière s'alluma et la porte de la boutique s'ouvrit.

Non, miss Ames n'était pas venue, mais il l'avait vue dans la voiture de miss Connor.

– Elle a repris le chemin du canyon et à toute allure, encore. J'ai vu tourner la voiture et je me suis demandé...

– Quoi ! Elle a repris la direction du canyon !

– Mais oui, miss Connor.

– Mettez-le au courant, dit Frances à Geoffrey qui se tenait là, atterré, pendant que j'appelle la police.

Elle mit une pièce dans le téléphone. Son cœur battait à grands coups.

Geoffrey raconta toute l'histoire à l'épicier qui dit d'un ton navré :

– Elle n'était pas seule dans l'auto. Mais je n'ai pas pu voir qui l'accompagnait. Un homme, je crois. En tout cas, il y avait quelqu'un avec elle.

– La police ? disait Frances à l'appareil. Avez-vous retrouvé miss Ames ?

– Non, madame, dit une voix lasse.

– Elle est dans ma voiture.

– Une minute !

Une autre voix au bout du fil.

– Ici le lieutenant Lord. Qui est à l'appareil ?

– Frances Connor, la directrice de l'école Jefferson. Eve Ames a quitté ma maison, au 115, Plum Terrace, il y a plus d'une heure, et elle avait pris ma voiture. Elle voulait vous appeler de l'épicerie où je me trouve à présent. L'épicier dit l'avoir vue tourner pour prendre la direction du canyon, il y avait quelqu'un avec elle.

– Peut-il décrire cette personne ?

– Non. Il croit qu'il s'agissait d'un homme.

– Ils ne sont pas allés loin, dit le policier. On vient de retrouver le portefeuille de miss Ames, au sud de la ville, sur la route côtière. Il n'y avait plus d'argent dedans. Volé, sans doute.

Frances retint une exclamation.

– Qu'est-ce que ça signifie ?

– Je ne sais pas. Rien de bon.

– Elle a peut-être essayé... Une femme a appelé Mr Taggart et s'est fait passer pour moi.

– Quand ? Où a-t-il reçu cet appel ?

– Chez elle.

– Qu'est-ce qu'elle a dit ? Pourquoi ne m'en a-t-il pas parlé ? fit la voix, d'un ton excédé.

Frances lui expliqua.

– Elle a dit qu'elle allait rentrer à l'appartement ? Je n'y comprends rien, fit Lord.

– Elle a eu le temps d'y aller, dit faiblement Frances.

Le lieutenant reprit d'une voix brève :

– Décrivez-moi votre voiture.

Frances obéit, sans se perdre dans les détails.

– Merci, dit le lieutenant, c'est un plaisir que d'avoir affaire à vous... Comment miss Ames était-elle habillée ?

– Un manteau marron, pas de chapeau, une robe de laine vert bouteille, des chaussures et un sac marron.

Lord dit : Ne quittez pas. Quelques instants plus tard, il revenait au bout du fil. On m'avait dit qu'elle n'était pas chez vous, dit-il d'un ton sévère.

– Lieutenant... c'était un pieux mensonge, murmura Frances.

– Je comprends. Eh bien, je vous remercie, miss Connor, nous allons faire tout notre possible.

Il raccrocha.

– Un pieux mensonge, fit Geoffrey d'une voix tremblante. Eve ne voulait pas de ma présence. C'est pour ça ! Et où est-elle à présent ?

Frances lui toucha le bras.

– Nous allons la chercher partout, dit-elle doucement...

– Donc, dit l'officier aux côtés du lieutenant, elle est prise de panique, peut-être, et s'enfuit toute seule vers San Diego.

Mais pourquoi a-t-elle menti à Taggart ? Pourquoi aurait-elle jeté son portefeuille une fois vide ? Et, si elle n'était pas seule, qui l'accompagnait ? Mariot ?

– Peut-être était-il à portée de voix quand elle a donné ce coup de téléphone ? Elle a essayé de rentrer chez elle, mais lui l'en a empêchée.

– Et il a pris tout seul la direction du sud, dit l'autre policier.

– Il faut donc que nous cherchions un

cadavre de femme habillé d'un manteau marron... peut-être tout là-haut, dans le canyon.

– Il doit y faire complètement nuit.

– Elle était... très jolie, dit le lieutenant en faisant rouler un crayon entre ses doigts. Je lui ai parlé souvent au sujet de mon gosse, pendant les réunions de la PTA.

– Vous allez aux réunions de la PTA ?

– Il faut bien, depuis qu'Alice est morte, dit Lord.

Il se leva.

– Nous pouvons rappeler quelques-uns des hommes qui surveillent l'appartement.

– Combien, lieutenant ?

– Laissez-en tout de même assez, dit brusquement Lord. Laissez-en même un bon nombre.

– Vous croyez que Mariot n'a peut-être pas mis la main sur elle ?

– D'après ce que m'a dit sa femme, peu lui importait d'être pris ou non.

– Il voulait tuer la petite et, ensuite, se suicider ou aller se livrer. C'est ça votre idée ?

– Ce type-là n'a plus aucune raison de vivre, dit le lieutenant. Alors expliquez-moi pourquoi il aurait volé cet argent ?

4

Dans le parc à autos, près du restaurant, les voitures allaient et venaient, mais elles se faisaient de plus en plus rares. La foule des clients diminuait. Une voiture demeura : le couple qui se trouvait à l'intérieur restait presque immobile.

Eve avait la tête posée sur ses bras croisés sur le volant. À sa gauche, sur la route côtière, passait une file ininterrompue de véhicules. Mais, dans ce coin du parking, c'était le silence total. L'homme assis à côté d'elle ne bougeait pas, perdu dans ses pensées. Peut-être était-il endormi. En ce cas, Eve devait-elle risquer de s'enfuir ? Mais remuer, ouvrir la porte, abaisser la poignée... cela semblait un projet irréalisable.

– Mr Mariot, dit-elle enfin d'un ton tranquille.

– Oui ? Il ne dormait pas.

– Pourquoi ne prenez-vous pas la voiture ? Allez à Los Angeles. Ils ne vous retrouveront pas. Je dirai...

– Si, ils me retrouveraient, dit-il distraitement. Peu importe.

– Mr Mariot. Elle essaya une autre tactique. Vous ne tenez pas à savoir comment va votre femme ? Vous ne voulez pas appeler l'hôpital ? Ou me laisser l'appeler ?

– Pourquoi ? questionna-t-il.

– Parce que, si elle va mieux, si elle n'est pas morte, alors...

Il commença à s'agiter nerveusement.

– J'essayais de trouver un moyen de vous en sortir, dit-elle.

Il garda le silence.

– À quoi cela sert-il de se venger ? fit Eve, d'un ton songeur. Je me le suis souvent demandé. Êtes-vous plus heureux parce que vous avez fait du mal à votre femme ?

– Oui, dit-il puérilement.

– Et quand vous aurez tué miss Ames, reprit-elle en articulant les mots. Et après ? Elle sera morte, voilà tout.

– Allons, dit-il avec une sorte de pitié dans la voix, ne faites pas ça. Vous avez été raisonnable jusqu'ici, n'essayez pas de me faire changer d'avis.

– Je voudrais pouvoir y parvenir, dit-elle avec tristesse.

– Vous avez été très raisonnable, répéta-t-il. Sue a dit que vous étiez une dame très bien, je pense qu'elle avait raison.

« *Y suis-je parvenue ?* songea Eve. *Ai-je réussi à toucher la corde sensible ? La compassion sert-elle à quelque chose ? Me sauvera-t-elle ? Et lui aussi ?* » Elle ressentit un instant d'exultation et de crainte. Là, dans le silence, cet homme avait-il retrouvé la sérénité d'esprit ? Avait-il compris qu'Eve partageait son chagrin ?

Mariot reprit :

– Je pense que vous devez être bien vue de tout le monde dans cette ville.

– Je vous en prie. Elle leva la tête, souriant malgré ses yeux embués de larmes.

– Alors, je pourrai me servir de vous comme d'un bouclier, dit l'homme au revolver. Les flics y regarderont à deux fois avant de vous tirer dessus.

Le cœur d'Eve dégringola dans sa poitrine.

– Nous pourrions sortir de la voiture, remonter la rue, et, quand on rencontrera les flics, je vous ferai avancer devant moi, comme ça ils me laisseront probablement passer. Le malheur c'est que...

– C'est que... répéta Eve d'un ton sarcastique.

– Je ne sais pas si elle est déjà là-bas. Il tourna la tête avec impatience. Elle ne serait pas dans ce restaurant ?

– Non, dit froidement Eve.

Elle ne mentait pas. L'endroit était mal tenu et seuls les voyageurs de passage le fréquentaient. Jamais Eve n'y avait mis les pieds. Mais... pourquoi n'avait-elle pas menti et répondu « peut-être » ? Quelqu'un, dans l'auberge, aurait pu lui venir en aide.

Mariot regardait la pendule du tableau de bord.

– Eh bien ! fit Eve, souhaitant soudain en finir. Qu'est-ce que vous attendez ?

– J'attends le bulletin d'informations de sept heures, dit-il.

– Les nouvelles ! Mais c'est idiot ! dit-elle froidement. Vous vous imaginez qu'on va vous renseigner sur miss Ames ? De sorte que vous puissiez la retrouver ?

– On dira si on l'a retrouvée, répondit-il patiemment, et je saurai comme ça si elle est chez elle ou non. Ou peut-être qu'elle est à San Diego. Dans quelques minutes...

Il appuya sur un bouton. Le programme se terminait par une annonce publicitaire.

Mais le cerveau d'Eve était pris de panique et ne s'occupait plus de Mariot. La police ne savait pas où elle se trouvait ; personne ne le savait. On répéterait, par conséquent, son signalement sur les ondes. Et même si, par le plus grand des hasards, Mariot ne faisait pas le rapprochement, il y avait autre chose : Frances et Geoffrey étaient ensemble, à présent. Et on annoncerait, à la radio, qu'elle, Eve, se trouvait dans la voiture de miss Connor ! Ça, Mariot ne pouvait manquer de l'entendre. Et ce serait la fin !

– Je voudrais bien une tasse de café, dit-elle d'une voix assez haute pour couvrir les paroles du speaker. La police ne va pas vous révéler l'endroit où se trouve miss Ames. Sa voix reprit, machinalement : Mais moi je peux découvrir pour vous si elle est ou non à San Diego. Écoutez.

Courageusement, elle tourna le bouton de la radio et fit face à Mariot :

– Je me rappelle maintenant.

– Ouais ?

Il clignait des yeux comme pour en chasser la fatigue.

– Je me rappelle le nom et l'adresse de sa tante. Vous pourrez lui téléphoner.

– Oui ? Et alors ? dit-il faiblement.

– Eh bien, miss Ames est peut-être là-bas. Je peux appeler sa tante pour le savoir.

– D'où pouvez-vous l'appeler ? demanda-t-il distraitement.

– Du restaurant.

Il réfléchissait, lentement, précautionneusement. Elle le devinait.

– Et si elle se trouve à San Diego, vous ne pouvez pas aller l'y chercher, n'est-ce pas ? fit Eve, une note de triomphe dans la voix.

– Pourquoi pas ? répondit-il aussitôt, avec véhémence. Cette voiture peut bien aller jusqu'à San Diego, non ! En quelques heures...

Il se frotta le menton de sa main gauche. Le moignon de son index s'attarda le long de sa lèvre.

– N'ayez pas peur d'entrer dans ce restaurant, continua Eve. Je peux bander votre doigt aussi. Comme ça, personne ne se rendra compte de rien. Et une tasse de café ne vous fera pas de mal, non plus, conclut-elle d'un ton morose.

– Bon, d'accord. Il lui tendit son index gauche.

Elle se mit à le bander rapidement. Tant qu'elle lui immobilisait ainsi la main et que l'autre était bandée avec le revolver, il ne pouvait pas toucher à la radio. Mais s'il lui ordonnait de mettre le poste en marche, comment lui désobéir ?

– J'espère qu'elle est à San Diego, murmura-t-elle, et ça ne m'étonnerait pas du tout qu'elle y soit allée, la pauvre, elle était tellement bouleversée. Il est normal qu'en l'occurrence on se réfugie dans sa famille. Vous dites que c'est mon amie, oui, c'est vrai, mais une amie ce n'est jamais comme...

– Ça va comme ça, dit-il.

– Attendez, répondit-elle, pensant qu'il faisait allusion au pansement. Il faut que je remette un peu plus de sparadrap.

Elle pouvait voir que sa main gauche, libérée, tremblait comme une feuille.

– Mr Mariot, dit-elle, entourant de ses deux mains les doigts frémissants, faisant une dernière tentative, je voudrais que vous sachiez ceci.

Elle essayait, de tout son cœur, d'arriver jusqu'à lui à force de compréhension, de compassion.

– Nous aimions tous votre petit garçon. Personne ne l'a laissé mourir. Personne !

– Taisez-vous !

Il était à nouveau en proie à la colère. La

blessure était trop fraîche, Eve n'aurait pas dû y toucher.

– Vous avez parlé de vengeance, dit-il amèrement, et vous avez dit vous-même : « Elle sera morte, voilà tout. » Moi aussi, j'ai dit ça. Moi aussi je vais mourir. Dans une heure, dans deux heures. Et ça n'a aucune importance. Alors peut-être que miss Ames devrait continuer à vivre avec ses souvenirs. Comme ma femme.

Elle poussa un long soupir et un frisson la secoua.

– C'est bon, reprit-il, nous allons prendre une tasse de café dans ce restaurant et vous téléphonerez à la tante. Mais si elle est à San Diego... c'est trop loin. Et, en effet, je suis fatigué. *Vous* ferez l'affaire !

– Je...

– Vous êtes son amie. Elle s'en voudra à mort. Elle saura ce que c'est que de souffrir !

Eve lui tenait toujours la main. Elle le regarda fixement, sans mot dire.

– Et peut-être que ça suffira, fit-il en dégageant brusquement sa main. Et maintenant, sortez de la voiture ! Vite !

Il avait l'air à nouveau nerveux et inquiet.

– Si elle n'est pas à San Diego, nous ferons ce que j'avais dit. Aller à l'appartement. En un sens, je préférerais la tuer, elle, mais si ce n'est pas possible... Sa bouche avait un pli cruel.

– Je voudrais bien qu'elle soit à sa fenêtre quand elle vous verra mourir... juste comme elle a regardé mourir Danny !

Elle sentait la haine le parcourir comme un courant. La mort de l'enfant, cet outrage indicible, était le ressort de sa fureur et de son énergie.

Eve savait qu'il ne la considérait pas comme un être humain, mais comme un symbole. Mais elle dit paisiblement, parce qu'elle devait le dire, que ce serait peut-être la dernière chance :

– Danny est mort instantanément. Personne n'aurait pu le sauver.

– Ne me mentez pas ! hurla-t-il. Ne me racontez pas ces bobards ! Bouclez-la !

Eve attendit, immobile, persuadée qu'elle allait recevoir toutes les balles que contenait le petit revolver. Mais Mariot dit d'un ton exaspéré :

– Descendez !

Elle descendit donc de la voiture, tout en songeant : « Il n'a pas vraiment envie de me tuer. Ses nerfs le lâchent, il ne sait plus où il en est. Si je reste tranquille, la fatigue et le désespoir auront peut-être raison de lui. »

Elle-même se refusait à désespérer. Il y avait la voiture : quelqu'un la remarquerait peut-être. Il y avait son portefeuille : la police devait la chercher en ville. Il y aurait les convives, dans le restaurant : peut-être l'un d'eux la reconnaîtrait-il. Les deux mains bandées de Mariot ne pouvaient manquer d'attirer l'attention. Un homme ayant deux mains blessées, ce n'était pas courant et on le reconnaîtrait, lui aussi. La police n'était qu'à quelques centaines de mètres plus loin. Si quelqu'un soupçonnait la vérité, il appellerait aussitôt à la rescousse. Et finalement – quand le petit revolver tirerait – peut-être la raterait-il.

Donc, elle gardait bon espoir. Et, en persistant à espérer, peut-être finirait-elle par gagner la bataille.

Le restaurant au plafond bas occupait un coin du parking. Ils se dirigèrent vers l'entrée. Eve était certaine que l'événement, quel qu'il fût, qui mettrait fin à son étrange captivité se produirait brusquement, comme une explosion. Elle s'efforça, du mieux qu'elle put, de dominer ses nerfs. Elle savait que Mariot l'observait presque avec curiosité. Il ouvrit la porte d'un coup de coude. La lumière les frappa au visage.

L'atmosphère de la salle était alourdie par la fumée du tabac et les odeurs de nourriture. Il n'y avait personne au bar, personne aux petites tables rangées le long du mur. La salle était vide de clients. Le garçon lisait un journal de sports. Il leva des yeux indifférents. Aucune lueur d'intérêt ne les éclaira. Il ne témoigna ni curiosité ni crainte.

Frances Connor dit à Geoffrey :

– Ne conduisez pas si vite !

– À quoi bon ! fit Geoffrey, d'un ton désespéré. Je crains que ce ne soit là une tâche pour la police, Frances.

– Je connais ma voiture mieux qu'eux.

– Nous ne devons pas être loin d'une cabine téléphonique.

– Tournez ici, Geoffrey, et lentement, s'il vous plaît. On n'y voit rien, sous ces arbres.

– Nous devrions rester près d'un téléphone, insista-t-il.

– À quoi ça nous servirait-il ? demanda Frances. Je ne tiens pas à être la première à apprendre qu'elle est saine et sauve – qu'elle le soit me suffit.

– Ne parlez pas comme ça ! Il se mordit les lèvres.

Aucun d'eux n'avait pris le moindre plaisir à cette randonnée dans le canyon où un spectacle d'horreur les attendait peut-être près d'un poteau indicateur, ou sur le bord de la route. Ou bien encore dans la voiture, abandonnée Dieu savait où.

– La police avec ses voitures et ses messages radio, dit amèrement Geoffrey, voilà ce dont nous dépendons. Il est absurde pour des gens comme nous, des gens bien élevés, inoffensifs, de rôder dans la ville, à scruter les ombres des rues, dans la nuit.

– Je peux repérer ma voiture, dit sombrement Frances.

– Elle est peut-être à cent kilomètres d'ici.

– Possible.

Il se passa la langue sur ses lèvres sèches.

– Mieux vaut regarder la vérité en face, Frances. On est impuissant contre la violence déchaînée. Quelle chance a une fille délicate comme Eve de s'en tirer avec un fou furieux armé d'un revolver ?

– Elle a peut-être plus de cran que vous ne le pensez, dit Frances d'un ton irrité. Et nous ne savons pas encore si tout espoir est perdu.

– Nous nous leurrons, murmura Geoffrey.

5

Ève voulait chercher un téléphone, dans le restaurant, mais Mariot lui tenait le coude de sa main gauche et ses doigts durs la forcèrent à avancer vers le comptoir.

Il s'assit à sa droite ; l'arme reposait au creux de son bras gauche. Eve savait quelle trajectoire décrirait la balle à travers le bref espace qui les séparait.

– Qu'est-ce que vous prendrez ? demanda le barman. Il regardait la main bandée de Mariot.

– Du café noir simplement, dit Mariot vivement. Et vous ?

– Moi aussi, murmura Eve.

Le barman se retourna pour prendre des tasses.

– Vous vous êtes blessé à la main ? demanda-t-il d'un ton jovial. Comment avez-vous fait votre compte ?

– Une chute, dit Mariot d'un ton résigné. J'ai bien failli me briser les deux poignets.

Il remua sa main gauche, laissant voir le doigt bandé. Les sourcils du barman se haussèrent obligeamment.

Eve se rendit compte qu'un cuisinier ou qu'un employé quelconque, de blanc vêtu, se tenait dans les cuisines. On pouvait voir la partie médiane de son corps par l'ouverture à travers laquelle les plats étaient passés. Toutefois, Eve jugea que lui ne devait voir que le rebord interne du comptoir. Mariot et elle devaient lui demeurer invisibles.

Le barman plaça devant eux des tasses épaisses. Eve jeta au visage de Mariot un coup d'œil de biais. C'était la première fois qu'elle le voyait en pleine lumière. Il avait de longs cils drus qui lui cachaient les yeux. Son visage avait une expression d'épuisement, presque de paix. Il prit la tasse de sa main gauche, maladroitement.

– Il n'y a pas grand-monde à cette heure-ci, dit-il, et il y avait quelque chose de pathétique dans cette remarque banale. Il oubliait un moment sa tension, il s'écartait de l'obsession qu'il allait la tuer. Eve ressentit une pitié mêlée d'espoir. Parfois une attitude feinte finit par se tourner en réalité. Et un sourire forcé, pendant un moment de cafard, le fait disparaître, parfois.

– On ne sait jamais, dit aimablement le barman. Vous êtes de passage ?

Mariot haussa les épaules.

– Vous voulez un morceau de tarte avec le café ?

– Non, merci.

Eve but le liquide brûlant qui la réconforta un peu. Elle songea que Mariot devait, lui aussi, reprendre des forces. Et c'était en outre un petit épisode de la vie quotidienne, un bref retour à la normale.

– Est-ce que je vais téléphoner ? demanda-t-elle d'un ton désinvolte.

– Attendez un moment, que je réfléchisse, répondit-il.

Le barman, ne voulant pas se mêler à une conversation d'ordre privé, s'écarta poliment.

– Quand l'avez-vous vue pour la dernière fois ? interrogea Mariot à voix basse.

Pendant un instant, Eve ne comprit pas ce qu'il voulait dire. Puis elle demanda :

– Ah ! vous voulez parler de miss...

– Oui. Il lui coupa la parole. Quand était-ce ?

– Ce matin.

– A-t-elle parlé d'aller à San Diego ?

– Non, mais si elle n'est pas en ville... balbutia Eve.

– Comment serait-elle allée là-bas ? Vous m'avez dit qu'elle n'avait pas de voiture. Elle a pris le car ?

– Je le suppose.

– J'essaye de savoir si elle a eu le temps...

– D'aller là-bas ? Sûrement, dit Eve d'un ton distrait. Elle a eu toute la journée.

Elle réfléchissait au résultat possible de son coup de téléphone. Tante Marie reconnaîtrait peut-être sa voix et la trahirait involontairement. Et si elle appelait un faux numéro ? Cela lui donnerait du temps... mais du temps pour quoi ?

Le barman était plongé dans son journal de sports. Il ne faisait aucune attention à eux.

Puis, par l'ouverture donnant dans la

cuisine, Eve aperçut un visage et son cœur fit un bond. Le menton était juste à la hauteur du comptoir. Un enfant. Un petit garçon. Et il avait les yeux braqués sur elle.

Elle prit son café et avala une gorgée.

– Aïe ! que c'est chaud ! dit-elle. Elle en avait renversé sur son manteau.

Les yeux de Mariot la scrutaient. Elle le sentit se raidir. Elle savait qu'il allait regarder autour de lui pour voir ce qui avait éveillé l'attention d'Eve. Et il aperçut le petit garçon.

Il tressaillit des pieds à la tête. Lui aussi avala rapidement son café et en renversa un peu. Posant sa tasse, il dit :

– Allez, on s'en va.

Eve essayait de réfléchir. Elle connaissait l'enfant. Il ne faisait pas partie de sa classe, mais il avait dû la voir dans l'école. Sûrement. Mais connaissait-il son nom ? Avait-il écouté les nouvelles qui avaient suivi l'*Heure Enfantine* ? Les nouvelles, peut-être pas, car son petit visage n'exprimait pas grand-chose. Mais il devait connaître Grif Griffin. Et les signaux secrets de Grif Griffin !

Mariot dit durement :

– Finissez votre café et partons d'ici.

– Vous ne voulez plus que je téléphone ? chuchota Eve.

– Non, ça ne servirait à rien, grommela-t-il.

Elle vit ses yeux de bête traquée se poser sur l'enfant. Puis il se mit à hocher la tête de droite et de gauche, et parla à Eve d'une voix basse et rapide.

– Un coup de téléphone lui donnerait l'éveil. Moi je crois qu'elle est là-bas. Ce que vous avez dit au sujet de la famille était juste. Alors, nous allons partir pour San Diego.

– Mais...

– On ne l'a pas retrouvée ici, continua-t-il sur le même ton. Si elle était en ville, ça se saurait déjà. D'ailleurs, même si elle y est, les flics ne la laisseront pas rester dans son appartement.

Eve avala sa salive. *C'est vrai,* songea-t-elle.

– Mais vous, vous avez le nom et l'adresse de la tante, et personne ne les connaît, poursuivit Mariot. Nous y arriverons. Et elle ne s'attend sûrement pas à me voir là-bas. Il serra les mâchoires.

– Il faut que je la voie. C'est elle qui doit payer. Finissez votre café.

Eve songea : « Il était prêt à me tuer, tout à l'heure, maintenant il ne veut pas me priver de mon café. »

Elle se dit qu'elle ne pouvait pas aller sur la grand-route en compagnie de cet homme, que cette tension ne pouvait plus durer. Combien de temps allaient-ils encore rester dans ce restaurant ? Une minute ? Quelques secondes en tout cas.

Alors, quel signal donner au seul être humain qui faisait attention à elle, un enfant ? Elle ne se rappelait pas le code employé par Grif Griffin. Elle avait cru le savoir par cœur et, soudain, il s'était effacé de sa mémoire. Elle ne se souvenait que d'un seul signal. Celui dont elle avait parlé à Frances. Se tapoter les dents signifiait : « J'ai des nouvelles pour vous. »

Elle reposa sa tasse, fit une grimace qui lui découvrit les dents, leva la main droite, fit claquer l'ongle du pouce sur les dents de devant.

– Trop chaud, murmura-t-elle, sans oser regarder l'enfant.

Mariot ne bougea pas. Lui non plus n'osait pas regarder l'enfant. Un petit garçon. De l'âge de Danny. Mariot gardait les yeux fixés sur le comptoir. Cela donna à Eve une chance d'agir.

Mais elle ne se rappelait aucun autre signal de Grif Griffin. Il y en avait eu un, le jour même, qui indiquait le danger. Mais lequel ? Eve avait oublié. Et le temps passait.

Elle jeta un coup d'œil à l'enfant et joignit les mains vers le ciel. Ça, ce n'était pas un signal dans le code de Griffin ; c'était le geste immémorial du suppliant qui appelle au secours. Un enfant des temps modernes – il observait Eve avec intérêt, cette fois – comprendrait-il ? Ce petit garçon avait-il jamais prié dans sa vie ?

Elle ne sut pas s'il avait reconnu le message. Desserrant les mains, elle reprit sa tasse. Tout en buvant, elle leva la main gauche et du pouce, derrière son oreille, désigna la cabine téléphonique.

Téléphone, mon petit, appelle quelqu'un !

Même si l'enfant n'avait jamais prié, il devait savoir ce qu'était un téléphone.

Mais elle n'osait plus le regarder. Elle aussi baissa les yeux vers le comptoir, songeant que tous deux devaient ressembler, avec leurs regards fixes, à de misérables pécheurs.

Mariot dit :

– Je ne peux pas attendre davantage.

Quand elle releva les yeux, l'enfant avait disparu.

6

Le nom du petit garçon était Gino. Il quitta le restaurant par la porte du fond. Inutile de parler à son oncle, le cuisinier. L'oncle Joe était un grognon : il travaillait trop dur, disait Papa.

Mais Gino habitait une maison dans une rue latérale, à deux pas du parking, et son père était dans la cour, à regarder ses pétunias déjà fanés. Une bande de lumière filtrant par la porte de la maison les éclairait, lui et le jardinet.

– P'pa ! J'ai quelque chose à te dire.

– Ah ! te voilà mon petit ! Il est temps, je te cherchais partout.

– P'pa, y a une institutrice de mon école qui était dans le restaurant avec un monsieur. Et elle a besoin qu'on l'aide.

– De quoi parles-tu, Gino ? demanda le père en passant affectueusement la main dans la chevelure sombre de l'enfant.

– C'est une institutrice, je te jure, P'pa. Et regarde – elle a fait comme ça, je te jure.

– Ah ! tu as rêvé, comme d'habitude. Allons, rentre.

– Non, P'pa, dit Gino d'un tel ton que le père l'attira à lui jusqu'à ce que son visage solennel fût en pleine lumière.

– Enfin, qu'est-ce que c'est que cette histoire ? demanda-t-il, mi-sérieux, mi-plaisantant.

– Elle voulait attirer mon attention, dit Gino. Je le *sais.*

Il ne pouvait en quelques minutes mettre son père au courant des exploits de Grif Griffin. Ce n'était pas possible.

– P'pa ! cria-t-il. Je crois que le type la menaçait d'un revolver.

– Ah ! Gino !

Détendu, le père se mit à rire, montrant ses dents blanches.

– P'pa, si on ne fait rien et qu'il arrive quelque chose... Hein, dis, P'pa ?

Le père sentait que la petite épaule tremblait sous sa main et il se mit à réfléchir. L'enfant parlait sérieusement, même s'il se trompait. Et, aux yeux de l'enfant, le père représentait la force, la sagesse, le secours. Il ne voulait pas avoir l'air de se moquer de son enfant. Il était normal qu'un gosse demande l'aide de son père, songea-t-il avec fierté.

Donc, pour ne pas heurter Gino, il répondit :

– Je vais aller jusque là-bas, OK ?

Et il entendit un léger soupir de triomphe.

Puis l'enfant le tira par la manche.

– P'pa, si ce type a un revolver, faudrait que tu appelles la police, tu ne crois pas ? Je crois que c'est ce que la dame voulait, que j'appelle la police. Et, en tout cas, il ne faut pas qu'il t'arrive quelque chose à toi, P'pa.

Le père lut l'amour dans les yeux de son fils.

– Nous allons jeter un coup d'œil là-bas avant d'appeler la police, dit-il. Peut-être qu'il n'y a rien à craindre, mon petit. Tu n'as pas vu le revolver, si ?

– Non, répondit honnêtement Gino.

Ils marchaient le long de la rue et devant eux brillaient les lumières du restaurant. Le parking était presque vide. Et le père songeait : « Les gosses ont parfois de drôles d'idées, mais je vais parler à Joe un moment, Gino sera content. »

C'était un homme robuste et trapu, d'humeur paisible. Il marchait dignement, comme marche un sage, sans se hâter...

Mariot paya le barman et aida, de sa main gauche, Eve à descendre du tabouret ; il se mit à sa droite, afin qu'elle fût toujours sous la menace du revolver. Menace réelle, elle le concédait.

Mariot avait les nerfs brisés, lui aussi. Il ne pouvait pas accomplir le long trajet jusqu'à San Diego. Peut-être la vision du petit garçon avait-elle ranimé ce complexe de culpabilité qui était prêt à le détruire. Bien qu'il le niât, ce complexe n'en existait pas moins. Il ne pouvait le contenir que par la violence. Quelque part sur la grand-route, ses nerfs le lâcheraient. Ou bien il s'effondrerait totalement, ou bien il aurait recours à la force. Et la force s'en prendrait à Eve, même si celle-ci n'était, dans l'esprit de Mariot, qu'un bouc émissaire.

Il ne fallait pas qu'ils partent.

Elle ouvrit elle-même la porte du restaurant. Ils sortirent. Et elle aperçut deux silhouettes sur le trottoir, un homme et un petit garçon. Mariot les avait peut-être vus aussi, car il racla avec le revolver l'omoplate d'Eve.

– Avancez vers la voiture, dit-il d'un ton roguc.

Maintenant, il était pris d'une hâte fébrile. Eve avança à petits pas hésitants et faillit trébucher.

Le père s'immobilisa, posant sur son fils des mains protectrices.

– Les voilà qui s'en vont, dit Gino.

– Chut ! fit le père.

Il regarda ce couple qui avait certainement l'air de coupables, la jeune femme marchant péniblement, l'homme se tenant trop près d'elle, dans une attitude bizarre.

Il les vit monter dans une voiture et, cette fois, il éprouva une certaine inquiétude. Pas assez pour appeler la police mais, tout de même, c'était vrai qu'il y avait là quelque chose de louche ! Le père se devait d'agir sagement aux yeux de son fils, mais que fallait-il faire ?

– Allez, sortons, dit Mariot.

Eve, se glissant sous le volant, savait que le petit garçon avait compris (oh ! l'intelligent petit garçon !) et elle avait repris espoir. Elle pensa : « Je ne peux pas repartir dans cette voiture, je ne peux pas me perdre à nouveau. Que ce soit maintenant ! S'il veut me tuer, qu'il me tue ici ! Il en a eu cent fois l'occasion. Et il ne l'a pas fait. Pas encore. »

Et elle braqua toute sa volonté contre celle de Mariot.

Des phares illuminèrent soudain cette partie obscure du parking et une voiture qui venait de la rue avança lentement.

– On va prendre une rue latérale, dit

Mariot. Impossible de tourner à gauche sur la route côtière.

Eve avait mis le moteur en marche. Elle regarda par-dessus son épaule. Elle savait que Mariot, instinctivement, avait fait de même. Et elle fut prête à aller de l'avant. Il fallait qu'elle attendît que l'autre voiture, qui venait en sens inverse, fût passée. Mais sa main gauche se glissa sous le tableau de commande et actionna le bouton qui relevait le capot. Au même instant, elle appuya vigoureusement sur l'accélérateur. La voiture bondit en avant. Mariot fut déporté de son siège. Le capot se releva brusquement au moment où la voiture faisait un saut et la partie antérieure du véhicule béa comme une gueule de crocodile. Mariot poussa un cri. Eve ne pouvait rien voir, à cause du capot relevé. Mariot non plus. Alors, à l'aveuglette, elle alla heurter l'autre voiture. Les pare-chocs furent violemment heurtés.

– Oh ! je suis désolée ! s'écria Eve, je suis désolée !

Elle avait la chair de poule ; il lui semblait que ses os mêmes allaient fondre. Peut-être Mariot tirerait-il ? Peut-être allait-il s'enfuir dans la nuit ? Elle espérait...

Il ne s'enfuit pas et ne tira pas non plus. Ses doigts durs s'enfoncèrent dans la cuisse d'Eve et le revolver pointé vers son cœur ne tremblait pas. Il avait le front moite, les yeux cernés, profondément enfoncés dans les orbites.

Il dit :

– Ne vous inquiétez pas, c'est moi qui parlerai. Ne vous énervez pas, nous nous en tirerons.

Eve songea, stupéfaite :

– Il n'a donc pas compris que j'avais levé le capot exprès ?

Non, Mariot semblait considérer l'événement comme un accident fâcheux pour tous les deux. Il était exténué ; seule sa volonté d'accomplir son crime le faisait agir.

Du coin de l'œil, Eve vit l'homme et le petit garçon contourner le coin du restaurant.

Ils n'étaient pas venus voir, ce qui eût été naturel, la petite collision. Ils étaient rentrés dans le restaurant. Donc, il y avait bon espoir...

Le conducteur de l'autre voiture était auprès d'Eve, criant la phrase habituelle : « Vous ne pouvez pas faire attention à ce que vous faites ? » Il avait un visage rond et lisse. Sa petite bouche avait une moue indignée.

– Ce n'est la faute à personne si le capot s'est relevé, dit Mariot, ne vous énervez pas, il n'y a pas grand dégât, si ?

L'homme alla poser un pied sur le pare-chocs avant ; quelque chose se dégagea avec un bruit de métal.

– Ce n'est pas grave, hein ? fit Mariot. Ça vous ennuierait de fermer ce capot, monsieur ?

– Le comble, dit le gros homme, le comble !

Mais il ferma le capot d'un geste violent.

– Reculez, reculez ! cria-t-il d'un ton furieux. Eve obéit.

– En quel état sont nos phares ? demanda Mariot.

Le gros homme lui jeta un regard aigu comme pour dire : « Pourquoi ne pas aller voir vous-même ? »

– Avance, ma chérie, cria-t-il à sa femme et il alla se poster devant la voiture de Frances tandis que la sienne avançait par saccades. Puis il revint vers Eve.

– Votre nom, votre adresse, le numéro de votre permis et le nom de votre assurance, fit-il d'un ton tranchant. Je vais vous donner les miens. Il avait un carnet et un crayon. Mais c'est vous la coupable, ne l'oubliez pas.

– Laissez les compagnies d'assurances s'occuper de ça, dit Mariot, avec une fébrile impatience. En quel état sont nos phares ?

L'homme le foudroya du regard.

– Ils sont OK, grommela-t-il, mais j'ai bien envie de les démolir. Eh bien, madame ?

Eve dut prendre la parole.

– Je... je n'ai pas de crayon, balbutia-t-elle. Et je n'ai pas mon permis avec moi, continua-t-elle d'un ton de panique – le permis se trouvait dans le portefeuille qu'elle avait jeté sur la route. Un coup de veine ? Ou le contraire ? Je suis navrée. J'étais énervée, conclut-elle à voix sonore, espérant attirer son attention.

– Pas de permis, tiens ! Et vous êtes assurée ! C'est votre voiture ?

– Oui, oui, je suis assurée... la firme Farmers, dit-elle à l'aveuglette.

– Votre nom ?

– Frances Connor.

Il l'inscrivit.

– L'adresse ?

– 115, Plum Terrace.

Il examina la plaque fixée à la colonne de direction. Eve trembla. Qu'y avait-il là-dessus ? Elle ne se rappelait pas. « Frances Connor, 50 ans, cheveux blancs ? » mais un simple coup d'œil parut satisfaire le gros homme.

– Vous conduisez sans permis, hein ? fit-il

d'un ton hargneux. Bon sang, je regrette qu'il n'y ait pas un flic dans les parages !

Eve songea : *« Il y en a des flopées juste au coin de cette rue. »*

– Elle n'a pas dit qu'elle n'avait pas de permis, intervint Mariot. Elle ne l'a pas sur elle, c'est tout.

– Ah oui ? J'ai déjà entendu ça quelque part.

Il contourna la voiture et, debout sur ses jambes courtes et écartées, copia le numéro de la plaque minéralogique. Mariot jura tout bas. L'homme prenait tout son temps.

Dans le restaurant, le cuisinier et le père de Gino observaient la scène par une fente, dans le mur. Le petit garçon demanda :

– Qu'est-ce qu'ils font, P'pa ?

– Tu n'as rien remarqué de bizarre à leur sujet, Joe ? demanda le père. Sur ces deux-là ?

– Je ne les voyais pas. Le gosse est cinglé. Harvey n'a pas vu de revolver.

– C'est miss Ames, dit Gino. Je la connais et elle me connaît aussi. Elle a fait ça, regardez. Il joignit les mains dans le geste de la prière. Et elle a fait autre chose. L'enfant hésita. Pouvait-il en quelques mots expliquer Grif Griffin à ces deux grandes personnes ?

– Qu'en penses-tu, Harvey ? demanda le père.

Harvey, le barman, s'exclama :

–*Miss Ames !*

– Oui, elle est professeur dans mon école, dit Gino.

– Écoutez, reprit le barman, on ferait mieux d'avertir la police. Il y a un type qui veut lui faire son affaire. Je l'ai entendu dire. Et les flics la recherchent partout.

– Bon, dépêche-toi de les appeler, dit le père.

Il prit son fils par l'épaule et l'attira contre lui. Un père ne doit jamais décevoir son enfant. Fallait-il qu'il essaye d'arrêter cet homme ? Cet homme armé ? Serait-ce là faire preuve de sagesse ?

7

Dans le parking, le gros homme finissait de copier le numéro de la voiture. Il s'écarta.

– Allons-y, dit Mariot à Eve.

Elle obéit. Personne ne semblait devoir lui venir en aide.

Le lieutenant Lord monta dans la voiture de police soixante secondes après réception du message.

– La sirène, monsieur ? demanda son compagnon.

– Non, ne les effrayons pas.

Ça ne serait pas facile, songea Lord. L'homme était armé, la jeune fille lui servait de bouclier. Parfois, un policier n'avait qu'une seule solution. Mais laquelle serait-ce ?

– Frances, dit Geoffrey d'un ton résigné, si votre voiture s'était trouvée si près de l'appartement d'Eve, la police l'aurait vue, sûrement ?

– Vous avez sans doute raison, répondit tristement Frances. Et si nous téléphonions ? Elle se sentait lasse et vieille.

– Où est-ce qu'il y a un téléphone ?

Frances scruta la nuit.

– Est-ce que ce n'est pas un restaurant, là-bas ?

Geoffrey aperçut le bâtiment, au coin de la rue. Il avait l'impression de ne plus pouvoir supporter ce cauchemar, ces allées éperdues dans les rues de la ville. Ce serait folie de continuer cette poursuite. On ne trouverait pas Eve se promenant sur un trottoir. L'espérer était absurde. Peut-être la vie était-elle pleine de coïncidences heureuses, de hasards incroyables. Mais ce n'était jamais à vous qu'ils arrivaient.

Non, Eve était perdue. Abandonnée à la violence, à la folie. Peut-être, en téléphonant, apprendraient-ils quelque affreuse nouvelle.

– Entrons dans un café, dit-il, j'ai besoin de boire quelque chose.

Eve appuya sur le démarreur. La sortie, vers la rue latérale, était à sa gauche. Et soudain, elle aperçut la décapotable de Geoffrey – la tête nue de Geoffrey sous le réverbère et la nuque argentée de Frances. Sûrement ils allaient la voir si la voiture de Frances les croisait ! Mais en voyant Eve, ils crieraient son nom...

De toute façon, elle ne pouvait pas s'arrêter. Mariot avait les nerfs tendus. Le revolver touchait presque le sein gauche d'Eve. Elle ne pouvait pas changer de direction. Que faire d'autre, sinon avancer ? Et Geoffrey pousserait un cri et le revolver tirerait !

Brusquement, le gros homme se mit à hurler :

– Je vais appeler la police !

– Arrêtez, dit Mariot à Eve. Et, au gros homme : Qu'est-ce qui vous prend ?

Dans la rue, la décapotable passa. Ses occupants ne se retournèrent pas, ne jetèrent même pas un coup d'œil au parking sombre, ne prêtèrent aucune attention à la discussion qui s'y déroulait. Le gros homme avait passé la tête par la portière d'Eve.

– Elle ne s'en ira pas comme ça, sans permis ! gronda-t-il. Pour qui se prend-elle ? Elle ne sait pas qu'il y a une loi ?

– Ah ! N... de D...! Mariot vibrait comme une corde trop tendue.

– Vous avez un permis, monsieur ? Alors, prenez le volant vous-même, sinon j'appellerai la police. Et j'ai votre numéro... C'est tout de même le comble...!

– Avancez, dit Mariot à Eve. Cet imbécile...

– Je suis un imbécile, à présent ! rugit le gros homme. Eh bien, nous allons voir ça. Qu'est-ce qui vous prend de conduire sans permis !

Le visage de Mariot était noir de colère. Il remua la main droite et Eve pensa : « Il va tuer cet homme. »

– C'est à cause de sa main, balbutia-t-elle. J'ai été obligé de conduire parce qu'il s'est blessé à la main, vous ne voyez pas ?

– Vraiment ? Les yeux ronds du gros homme tombèrent sur le pansement.

– Ouais, glapit Mariot, et cette dame... Sa voix s'étrangla. Je vais conduire si vous y tenez. Et maintenant, allez au diable !

– Écoutez, je regrette…

Mais Mariot prenait déjà la place d'Eve qui eut l'impression que, cette fois, la décision lui échappait pour toujours. Mariot saisit les leviers de commande et poussa gauchement sur le démarreur de sa main bandée. La droite reposait sur le siège, faisant un angle bizarre, car elle était toujours crispée sur le revolver.

De nouveau, la voiture s'ébranla. Où iraient-ils, cette fois ?

Une voiture de police surgit brusquement. Eve vit le lieutenant Lord, qui la connaissait bien. Il allait crier « Miss Ames ! » et elle allait mourir. Car Mariot, trompé et trahi, en un sens, ferait le geste irréparable qu'il souhaitait tant accomplir.

Elle songea : « Il ne faut pas qu'il me tue à présent. Alors qu'il est exténué, prêt à s'effondrer, alors qu'un petit moment de détente l'empêcherait peut-être de devenir un assassin. » Elle ne ressentait aucune peur, mais une profonde tristesse. Elle posa la main gauche sur le volant et dit :

– Si vous tournez bien à gauche, nous y arriverons. Je vais vous aider. Avancez toujours.

La voiture commença donc à avancer et Mariot fit confiance à Eve. Car elle lui avait dit la vérité : elle aussi voulait s'enfuir. Ensemble, ils tournèrent le volant. La voiture pivota. D'un mouvement instinctif, la main droite de Mariot se leva pour tenir le volant.

Quand Eve vit le revolver qui se braquait vers le pare-brise, elle comprit que le moment était venu d'agir. Des deux mains, elle saisit la main bandée qui tenait le revolver et la cloua de toutes ses forces contre le rebord du volant. La voiture continua à tourner et alla heurter une maison d'angle.

Le lieutenant Lord, qui s'était bien gardé de crier un nom, bondit avec légèreté de sa voiture, passa la main par la vitre baissée de l'autre véhicule, tira le frein, tout en tenant Mariot en respect avec un revolver qu'il avait dans l'autre main.

Le lieutenant dit paisiblement à Eve :

– Tout va bien ?

Mariot s'était ratatiné sur son siège.

– Oui, ça va, répondit-elle, mais je vous en supplie, prenez soin de lui !

Ses yeux rencontrèrent ceux du lieutenant. La robuste main de Lord palpait déjà le bandage dissimulant le revolver.

– Restez tranquille, Mariot, dit-il. On ne vous fera pas de mal.

Puis, de la même voix douce :

– Descendez, miss Ames.

Mariot tourna la tête.

– Miss Ames ? dit-il, presque poliment, comme si l'on venait de les présenter, ou comme s'il avait su à quoi s'en tenir depuis longtemps. Il était vidé de toute énergie. Ça aussi, il le savait depuis longtemps.

– Mais c'est déjà arrivé à d'autres ! lui cria Eve, presque avec tendresse. Et les gens l'ont supporté. Il se passe des choses épouvantables sur cette terre. D'autres que vous ont laissé traîner un revolver chargé et vu leurs enfants mourir !

– C'est ce qui m'est arrivé, dit-il avec calme. L'angoisse le saisit.

Lord dit :

– Descendez, miss Ames, nous allons nous occuper de lui. On ne lui fera aucun mal...

8

Ils se trouvaient dans l'appartement d'Eve.

– Jamais je ne me suis senti aussi désemparé, dit Geoffrey.

Ses yeux étaient rouges de fatigue.

– Eve, je me demande comment vous n'avez pas poussé des hurlements en apercevant cet homme.

– Si nous avions su un peu plus tôt que vous étiez dans la voiture, nous aurions pu écourter votre supplice, dit Lord.

– Je ne sais pas, répondit Eve. Il aurait tué quelqu'un. Il a fallu du temps pour... pour venir à bout de lui.

Geoffrey fronça les sourcils. Mais le lieutenant hocha la tête.

– Sa femme va mieux, n'est-ce pas ? demanda Frances qui était assise, la jambe allongée de nouveau sur une chaise.

– Je crois que c'est surtout moral chez elle, mais elle s'en tirera.

– Pauvres gens ! dit Frances.

– Moi, je ne les plains pas tellement, dit sombrement Geoffrey. A-t-on idée de vouloir tuer les gens comme ça ! Il va rester sous les verrous, j'espère ?

Il avait l'air furieux. Toute cette histoire l'avait profondément choqué.

Le lieutenant ne répondit pas. Il se tourna vers Eve.

– Vous étiez sur la corde raide. Vous vous en êtes bien tirée. Rudement bien.

– Et vous, vous ne m'avez pas appelée par mon nom.

Ils semblaient se comprendre à mi-mot.

– Pur réflexe. Je ne savais pas qu'il vous avait prise pour miss Connor. Mais quand on a affaire à un homme armé, crier n'est jamais prudent. Un revolver a les nerfs fragiles, dit le lieutenant en souriant. Parfois, il faut arriver jusqu'à ce qui se trouve *derrière* le revolver. Vous avez été épatante.

– Oh ! c'est une dure à cuire, dit fièrement Frances.

– Quelle terrible aventure ! fit Geoffrey.

Les yeux du lieutenant clignotèrent. Il se leva et se dirigea vers la porte.

– Lieutenant Lord ?

– Oui, miss Ames ?

– Qui a donné mon signalement aux services de la radio ?

– Mais... moi. Il avait rougi.

– Aspect soigné, murmura Eve, songeusement.

– J'aurais voulu dire « doux » reprit-il un peu embarrassé, mais je... je n'ai pas osé. Je regrette, si je vous ai déplu.

Leurs yeux ne se quittaient pas.

Geoffrey coupa :

– Eve, si la police en a terminé avec vous, je crois que ce qu'il vous faut, c'est une nourriture solide et de la musique douce.

Eve continuait de regarder le lieutenant.

– De la nourriture solide et de la musique douce, murmura-t-elle. Quelle heureuse combinaison !

Et elle rougit.

Le lieutenant avait rougi, lui aussi.

– À bientôt, dit-il. Je n'ai pas...

Il posa son regard sur Geoffrey, puis sur cette fille délicate et courageuse, qui n'avait pas perdu la tête, qui n'avait pas cédé, qui avait regardé le mal en face et l'avait vaincu

– qui avait, de l'avis du policier, le genre de courage nécessaire dans notre monde.

– Je n'ai pas encore fini de vous ennuyer... conclut-il, en bafouillant un peu.

– Je suis à votre disposition, dit doucement Eve. Bonne nuit, lieutenant.

– Ma pauvre Eve, vous devez être épuisée, dit Geoffrey.

– Oh ! taisez-vous une seconde, dit Frances, d'un ton sec.

Mais elle n'avait pas l'air fâché. Geoffrey ne comprenait pas très bien. Pour lui, cette terrible aventure était terminée. Ils allaient reprendre, tous trois, le cours de la vie normale. Il ne voyait pas ce qu'Eve y avait gagné. Eve était appuyée contre la porte. Elle ne paraissait pas fatiguée, mais radieuse.

– Les enfants... dit-elle songeusement. J'aime tant les petits garçons.

– Gino, bien sûr... commença Geoffrey. Il a joué les héros, tout comme dans les magazines pour gosses, vous ne trouvez pas ?

Mais Frances dit d'un ton satisfait :

– Terry est un bon petit garçon.

– Terry qui ? Vous m'avez perdu en route, dit Geoffroy, essayant d'être drôle.

Les deux femmes le regardèrent avec des petits sourires lointains...

Achevé d'imprimer sur Cameron
par **Bussière Camedan Imprimeries**
à Saint-Amand-Montrond
Conception graphique couverture :
Didier Thimonier
Dessin de la Souris noire : Lewis Trondheim
Typo dessinée par Anne Ladevie
Dépôt légal : février 1999
N° d'impression : 990563/1
Loi n° 49.956 du 16 juillet 1949
sur les publications destinées à la jeunesse